# DER INVESTMENT-KOMPASS DIE WICHTIGSTEN ANLAGEKLASSEN

LERNE DURCH AKTIEN, ETFS, REITS, IMMOBILIEN, KRYPTOWÄHRUNGEN, P2P-KREDITE UND GOLD DEIN VERMÖGEN AUFZUBAUEN UND FINANZIELLE INTELLIGENZ ZU ENTWICKELN

N.J. PIONTECK

# Inhaltsverzeichnis


Vorwort ........ 6

Geld ........ 7

Was ist Geld? ........ 7

Woher kommt dieses Geld eigentlich? ........ 7

Wie entstehen Kredite? ........ 8

Warum Geld investieren? ........ 9

Der ewige Kreislauf ........ 9

Das Vertrauen ........ 10

Der tatsächliche Wert ........ 10

Kennen Sie Ihre Ziele ........ 12

Wie fange ich an? ........ 13

Schulden abbauen ........ 13

Erstelle Sie einen Wirtschaftsplan ........ 13

Rücklagen für den Notfall ........ 13

Die Frage des Anlagehorizonts ........ 14

Welcher Investor-Typ sind Sie? ........ 15

Die drei Investor-Typen ........ 15

Das beste Investment ........ 18

Schritt für Schritt Anlageerfolge ........ 19

Humankapital ........ 20

Das Dreieck der Geldanlage ........ 21

Passives Einkommen ........ 22

Aktienmarkt ........ 25

Was sind Aktien? ........ 25

Was sind Investmentfonds? ........ 25

Was sind ETFs? ........ 25

Beginnen Sie mit einem Sparplan ........ 28

REITs ........ 29

Wo werden Aktien gehandelt? .... 30
Der Zinseszinseffekt .... 31
Das Vermeiden von Fehlern am Kapitalmarkt .... 33
Aktien und deren Kategorien .... 34
Die Auswahl der Einzelaktien .... 35
Fundamentalanalyse .... 36
Technische Analyse (Chartanalyse) .... 38
Aktienstrategien .... 40
Optionale Dividendenstrategien .... 41
Peer-to-Peer Kredite (P2P) .... 47
Warum P2P? .... 47
P2P Plattformen .... 47
Ein Einblick auf die Risiken und Sicherheiten der P2P Branche .... 49
Kryptowährungen .... 52
Krypto und die Geldwäsche? .... 52
Was sind Kryptowährungen? .... 52
Was ist die Blockchain-Technologie? .... 52
Arten von Kryptosystemen .... 53
Wie fangen Sie an, in Kryptowährungen zu investieren? .... 54
Die zwei größten Kryptowährungen genauer vorgestellt .... 55
Der Kryptomarkt .... 57
Fünf einfache Investitionsstrategien .... 58
Immobilien .... 63
Warum Immobilien? .... 63
Die richtige Immobilie finden .... 63
Investitionsmöglichkeiten .... 65
Der Immobilienkauf .... 66
Die Besichtigung .... 68
Die eigentliche Besichtigung .... 69
Ihr Gebot .... 69

Die Kaufbestätigung ........ 70
Die Wohnungsunterlagen ........ 70
Den Zinssatz optimieren ........ 71
Der Notartermin ........ 72
Alternative Formen des Immobilieninvestments ........ 72
Gold ........ 75
Warum Gold? ........ 75
Wie kann man in Gold investieren? ........ 75
Das Paretoprinzip ........ 78
Anwendungsmöglichkeiten in der Geldanlage ........ 78
Ihr persönliches Portfolio ........ 80
Verpacken Sie Ihr Wissen in einen Prozess ........ 82
Wo sollten Sie den Prozess als Erstes anwenden? ........ 83
Die Umsetzung ........ 83
Erfahrungsberichte der Gastautoren ........ 85
Ihr eigenes Investmentnotizbuch ........ 94
Abkürzungs- und Begriffsverzeichnis ........ 96
Literaturverzeichnis ........ 100
Impressum ........ 103

*Eine Investition in Wissen bringt immer noch die besten Zinsen.*

Benjamin Franklin

# Vorwort

Liebe Leserinnen und Leser, dieses Buch dient als Anhalt für Investmentideen sowie Cashflow-Möglichkeiten, und ist explizit für Einsteiger geschrieben. Es zeigt Ihnen Schritt für Schritt, wie Sie Ihr Geld sinnvoll in Anlageklassen investieren und vermehren können. Das Buch wurde durch die Unterstützung und Mitwirkung verschiedener Experten aus diversen Investmentbereichen erstellt. Einige von ihnen beantworten am Ende des Buches als Gastautor häufig gestellte Fragen zum Thema Investment.

Ich selbst habe am Anfang viele Fehler begangen, da ich mich vorab nicht richtig in den einzelnen Themenbereichen informiert habe. Meine Aufgabe ist, Sie in allen wichtigen Bereichen aufzuklären, damit Sie fatalen Fehlern aus dem Weg gehen und einen guten Einstieg in die Finanzwelt finden.

Im Laufe des Buches werden Sie finanzielle Intelligenz entwickeln und verstehen, warum Sie Ihr Geld für sich arbeiten lassen sollten, und nicht andersherum. Ganz nach dem Zitat des Philosophen *Francis Bacon*: »Geld ist ein guter Diener, aber ein schlechter Herr.« Ich erkläre Ihnen, welche Strategien Sie verfolgen können und wie Sie Rendite und Risiken nach Ihrem Bedürfnis optimieren.

Einsteiger wissen häufig nicht, welche Plattformen sich für Geldanlagen eignen, weshalb Sie am Ende einiger Kapitel einen QR-Code zu den jeweiligen Plattformen finden, die ich selber nutze, und von denen ich überzeugt bin. Bei manchen Links erhalten Sie und auch ich eine Provision, falls Sie sich darüber anmelden sollten. Wenn Ihnen das Buch also gefällt, können Sie mir dies gern durch die Verwendung der jeweiligen QR-Codes zeigen. Auf den letzten Seiten finden Sie einen Investmentnotizplan. Dort können Sie Ihre Investitionen auflisten, um Ihre Fortschritte zu dokumentieren und einen Überblick darüber zu behalten. Abschließend finden Sie am Ende des Buches ein Verzeichnis von Fachbegriffen der jeweiligen Anlageklassen.

# Geld

## Was ist Geld?

Um zu verstehen, wie man mit Geld sicher umgeht, müssen wir zunächst erfassen, was Geld ist. Fast jeder Mensch auf diesem Planeten nutzt tagtäglich eine Währung, um Einkäufe zu bezahlen, aber die wenigsten machen sich Gedanken, was dieser Gegenstand in ihrem Geldbeutel oder auf ihrer Karte ist.

Geld ist ein einheitlicher »Gutschein«, der seinen Wert durch das Vertrauen der Menschen erhält. Dabei hat Geld drei Funktionen: als Recheneinheit, Wertspeicher und als Tausch- und Zahlungsmittel. Vor nicht allzu langer Zeit versuchte man den Geldwert durch das Material des Geldes (Gold, Silber) zu erhalten. Heutzutage besteht physisches Geld meist aus Papier. Ihr Kontostand und Ihre digitalen Zahlungen sind hinterlegte Daten, die aus Nullen und Einsen bestehen.

## Woher kommt dieses Geld eigentlich?

Seit Anbeginn der Zeit kam es zwischen unseren Vorfahren zu Tauschgeschäften. So wurde in der Steinzeit ein Stück Fleisch gegen etwas Brennholz umgetauscht. Im Laufe der Jahrtausende wurde öfter Handel betrieben, immer merkwürdigere Gegenstände befanden sich in den Geldbörsen unserer Vorfahren, als Beispiel wären Bohnen, Reis, Bernstein und Muscheln zu nennen. Im alten Rom war Salz sehr beliebt, so wurden selbst die römischen Legionäre damit bezahlt. Heutzutage ist es kaum vorstellbar, sein Auto, Haus oder seinen Fernseher mit einer 500 g Packung *Gut und Günstig* Tafelsalz zu bezahlen oder für Salz in den Krieg zu ziehen. Aus dieser Zahlungsmethode resultierte das französische Wort für Gehalt *salaire*.

Diese Transaktionen ziehen allerdings auch Nachteile mit sich. So war nicht immer der Bedarf des Tauschgutes gegeben und es gab keine einheitliche Tauschnorm. Von Dorf zu Dorf variierten die Tauschkurse für alle möglichen Güter. Weiterhin war es problematisch, für den Handel schwere Güter zu transportieren. Letzten Endes wurde die erste einheitliche Währung um 610 v. Chr. von Alyattes dem II. (König von Lydien) eingeführt. Die Umlaufmenge war begrenzt, sodass eine Münze einen relativ stabilen Gegenwert hatte. Die Geschichte lehrt uns, dass sich das Geldsystem stetig verändert und an die Bedürfnisse der Menschen anpasst.

## Wie entstehen Kredite?

Die ersten Kredite stammen Erzählungen nach von Goldschmieden. Diese haben für jedes hinterlegte Gramm Gold eine Art Wertschein ausgestellt, denn Papier war einfacher – und vor allem sicherer – zu transportieren als Gold.

Schnell wurde den Goldschmieden bewusst, dass nicht jede Person gleichzeitig ihren Wertschein eintauschen würde. Somit kamen sie auf die Idee, mehr Wertscheine zu verleihen, als Gold verwahrt wurde. Dabei dachten die Goldschmiede profitorientiert und vergaben auf jeden verliehenen Wertschein entsprechende Zinsen: Das Kreditwesen wurde geboren.

# Warum Geld investieren?

## Der ewige Kreislauf

Wir betrachten das Ganze aus der Perspektive des Konsums. Die meisten Menschen tauschen Lebenszeit in Form von Dienstleistungen (»Jobs«), die sie oft nicht mal mögen, gegen Geld ein, und das Geld wiederrum gegen Konsumgüter. Darunter zähle ich unter anderem Elektronik, Möbel, Kleidung und Transportmittel. Das Verlangen nach Konsumgütern ist nach dem Kauf allerdings nur kurzfristig gestillt, es fehlt unserer Gesellschaft ein gesundes Maß an Konsum. Am Ende des Monats ist das Konto dann komplett leer. Erneut wird Lebenszeit gegen Geld eingetauscht. Einige Menschen handeln so ihr Leben lang, ohne sich dessen bewusst zu sein. Sie stürzen sich teilweise in Konsumschulden, um vermeintlich »mehr« vom Leben zu haben. Statt sich ein glückliches Leben aufzubauen, verbringen sie dies besagte Leben damit, ihre Schulden abzubauen. Am Ende ihres Lebens fragen sie sich, wo das Geld geblieben ist, und stehen trotz gutem Job bettelarm dar.

Wenn Sie mit Ihrer Tätigkeit glücklich sind, ist dies ein weitaus wertvollerer Punkt, als Sie vielleicht denken. Wenn Sie es nicht sein sollten, sollten Sie sich überlegen, ob Sie diese Beschäftigung bis zu Ihrer Rente – oder finanziellen Freiheit – ausüben möchten. Dabei sollten Sie beim Kauf von überflüssigen Dingen nicht den objektiven Preis betrachten, sondern überlegen, wie viele Minuten oder Stunden Sie dafür arbeiten müssten.

Aus diesem Kreislauf zu entfliehen, ist für viele Menschen sehr schwer, denn es bedeutet in erster Linie das Abgewöhnen von Gewohnheiten. Dazu gehört Überfluss zu vermeiden und dem vergleichenden Materialismus unserer Gesellschaft zu entfliehen. Gleichzeitig führt aus diesem Kreislauf nur das Investieren, sei es in Sie als Person – dazu später mehr – oder in Anlageklassen. Man hört es selbst bei Lottomillionären: Sie sind häufig nach einigen Jahren ihr ganzes Geld los, weil sie nie gelernt haben, damit umzugehen. Nur weil sie ein hohes Maß an Reichtum haben, heißt das nicht, dass es ihnen auf ewig erhalten bleibt.

## Das Vertrauen

Das Vertrauen des Euros und des US-Dollars ist seit der Corona-Pandemie weiter gesunken als je zuvor. Das liegt unter anderem daran, dass die Zentralbanken eine große Menge an neuem Geld »gedruckt« und auf den Markt gebracht haben. Dies führt zu einer massiven Inflation, da eine erhöhte Geldmenge im Umlauf automatisch den Preis des jeweiligen, gegenüberliegenden Gutes erhöht: Unser Geld verliert an Kaufkraft.
So hat die Zentralbank der USA, die FED (*Federal Reserve System*), knapp 22% mehr US-Dollar in nur einem Jahr gedruckt, als in der gesamten Weltwirtschaft an US-Dollar im Umlauf waren. Weiterhin hat die EZB (Europäische Zentralbank) im Jahr 2021 mehr Geld geschaffen (1.850 Mrd. EUR), als im Jahr 2019 (1.292 Mrd. EUR) in physischer Form im Euroraum kursierte.

Diese Zahlen sind besorgniserregend. Durch die erhöhte Umlaufmenge des Geldes, bekommt dieses automatisch weniger Kaufkraft. Im Durchschnitt verliert der Euro pro Jahr ca. 1-2% an Wert. Die EZB hat nun bekannt gegeben, das Inflationsziel über 2% heben zu wollen. So lagen die Inflationszahlen in Deutschland zuletzt bei über 3,8%. Dazu ein kleines Gedankenspiel:

Erinnern Sie sich daran, wie viel eine Kugel Eis gekostet hat, als Sie noch ein Kind waren? Zu meiner Zeit waren es 25 Pfennig. Wenn ich mir die Preise heute anschaue, liegen diese oftmals, je nach Region, zwischen 1-2 Euro. Zweifellos wurden die Löhne stetig angepasst, allerdings wage ich zu behaupten, dass Sie damals genauso hart für Ihr Geld gearbeitet haben wie heute. Das Ersparte aus Ihrer harten Arbeit wäre gegenwärtig nur noch einen Bruchteil wert im Vergleich zum damaligen Zeitpunkt.

## Der tatsächliche Wert

Wenn man sich den tatsächlichen Wert unseres Geldes anschaut, wird schnell klar, dass ein Zweihunderteuroschein einen Sachwert von gerade mal 8 Cent hat. Ein Sachwert, der deutlich unter dem eigentlichen Wert liegt, ist für manche Leute immer noch kein Grund, ihr Erspartes anzulegen, da viele es für riskant halten, ihr Geld in Anlageklassen zu investieren.

Meiner Meinung nach ist es risikoreicher, sein Geld *nicht* anzulegen. Dies können Sie sich anhand der Tabelle zur Wertentwicklung von Anlageklassen in den letzten Jahren ansehen:

| **Anlageklasse** | | **Weiterentwicklung** |
|---|---|---|
| Immobilien | Reihenhaus in einer mittelgroßen deutschen Stadt | 2009 - 170.000 EUR<br>2019 - 290.000 EUR |
| Aktien | Amazon | 2009 - 55 EUR<br>2020 - 2.700 EUR |
| | Coca-Cola | 2009 - 17 EUR<br>2020 - 45 EUR |
| | VW | 2009 - 55 EUR<br>2020 - 200 EUR |
| Edelmetalle | Goldpreis je Feinunze | 2009 - 1.000 EUR<br>2020 - 1.700 EUR |
| | Silberpreis je Feinunze | 2009 - 15 EUR<br>2020 - 25 EUR |
| Krypto-währungen | Bitcoin | 2009 - 0,07 EUR<br>2020 - 50.000 EUR |
| | Ethereum | 2016 - 9 EUR<br>2020 - 500 EUR |

Auf Ihrem Sparbuch hätte sich hingegen nichts verändert, außer, dass die Inflation die Kaufkraft Ihres Geldes verringert hätte.

Sie sehen, es ist durchaus empfehlenswert, sein Geld nicht auf der Bank liegen zu lassen, sondern in Vermögenswerte zu investieren. Natürlich sind die oben genannten Vermögenswerte (*Assets*) ausschließlich von Erfolg geprägt. Es gab in diesem Zeitraum einige Möglichkeiten, mit Anlageklassen sein Geld zu halbieren. Im weiteren Verlauf lernen Sie, wie Sie solche Verluste vermeiden und nachhaltig Ihr Geld anlegen können.

## Kennen Sie Ihre Ziele

Alles braucht seine Zeit, um zu wachsen. So ist es auch bei der Geldanlage. Durch Investieren werden Sie nicht über Nacht reich. Daher sollten Sie sich Ihre Ziele und Ihr *Warum* immer vor Augen halten, um eine gewisse Ausdauer bei der Investition mitzubringen.

Wenn Sie noch keine Ziele haben, wären dies einige Ideen, die Sie übernehmen können. Vielleicht möchten Sie ein Vermögen aufbauen, um:

... Ihren Kindern später finanzielle Sicherheit zu bieten.
... zu verreisen.
... ein schönes Haus zu kaufen.
... Ihre Freizeit frei gestalten zu können.
... für Ihr Alter oder das Ihrer Eltern vorzusorgen.
... damit Gutes zu tun.

# Wie fange ich an?

## Schulden abbauen

Falls Sie Schulden haben, sollten Sie diese als Erstes abbauen, bevor Sie mit dem Investieren beginnen, da durch die Negativzinsen über die Zeit unnötig Geld verloren geht. Das Gleiche gilt für den Dispo (Überziehung des Girokontos), dieser kann Ihnen bis zu 14% Negativzinsen im Jahr kosten. Dies ist unnötige Geldverschwendung.

## Erstelle Sie einen Wirtschaftsplan

Um Ihre wirtschaftliche Situation zu visualisieren, fangen Sie zunächst damit an, einen Wirtschaftsplan zu erstellen. Dieser hilft Ihnen, den Betrag, den Sie monatlich investieren können, festzulegen. Dazu schreiben Sie alles, was Sie im letzten Monat ausgegeben und eingenommen haben, auf ein Blatt Papier.

Wichtig ist, Ihre **Fixkosten** (monatlich gleichbleibende Kosten wie Abos, Miete, etc.), **Konsumkosten** und **Mobilitätskosten** (Auto, Bahn, etc.) zu erfassen. Anschließend sollten Sie einen ungefähren Wert für Ihre **Spaßausgaben** festlegen (z. B. Kino, Feiern, Reisen, Essen-/Trinkengehen im Restaurant, etc.). Wenn Sie viel mit Ihrer Bankkarte bezahlen, können Sie dazu ganz einfach Ihre Kontobewegung abrufen. Wenn Sie kein Online-Banking besitzen, genügt ein Blick auf Ihre Kontoauszüge.

Am Ende bleibt der Betrag übrig, den Sie monatlich investieren können. Nehmen Sie von diesem allerdings nur maximal 70% zum Investieren, so haben Sie immer Spielraum für Notfälle oder falls in einem Monat mehr Kosten anfallen.

## Rücklagen für den Notfall

Bevor Sie damit anfangen, aktiv in Anlageklassen zu investieren, sollten Sie eine **Notfallrücklage** bilden. Gerade die Corona-Pandemie hat gezeigt, dass vermeintlich sichere Berufsgruppen wie Friseure oder Arbeitnehmer in der Veranstaltungsbranche monatelang ohne Einnahmen auskommen mussten. Um solche finanziellen Durststrecken zu überbrücken, ist die Notfallrücklage essenziell. Diese sollte ca. 2-3 Monatsgehälter betragen und ausschließlich im Notfall angerührt werden. Diese Rücklage ist außerdem enorm wichtig, damit Sie in einer finanziellen Notlage nicht an Ihr angelegtes Geld herangehen und womöglich einige Anlagen mit Verlust verkaufen müssen.

Weiterhin vermeiden Sie damit, einen Kredit aufzunehmen und sich in Verbindlichkeiten zu stürzen.

Kostengegenüberstellung

| **Einnahmen +** | **Ausgaben -** |
|---|---|
| Gehalt<br>Nebenjob | Miete (… EUR)<br>Nebenkosten (Strom)<br>Essen/Trinken<br>Auto (Versicherung, Benzin)<br>Abonnements<br>Spaßausgaben (Kino, Reisen)<br>Kredite |

## Die Frage des Anlagehorizonts

Stellen Sie sich nun die Frage des Anlagehorizonts. Wie lange sind Sie gewillt, einen Anlagebetrag zu sparen? Wann benötigen Sie Ihr Geld?

Wenn Sie einen kurzen Anlagehorizont haben und Ihr Geld demnächst brauchen, ist es ratsam, es lediglich auf ein Tagesgeldkonto zu verschieben. Auf diesem bekommen Sie zwar kaum Zinsen, allerdings steht Ihnen das Geld jederzeit zur Verfügung und Sie müssen keine Kursschwankungen der Wirtschaftsmärkte in Kauf nehmen.

Sollte Ihr Anlagehorizont länger als fünf Jahre betragen, so können Sie, je nach Anlageklasse, mit dem Investieren beginnen. Rückblickend haben Sie eine bessere Rendite im Aktien- und Immobilienmarkt, je länger Sie Ihr Geld arbeiten lassen.

# Welcher Investor-Typ sind Sie?

Um herauszufinden, welche Anlageklassen und welche Strategien zu Ihnen passen, ist es wichtig zu erkennen, was Sie für ein Investor-Typ sind.

## Die drei Investor-Typen

I. <u>Der defensive Investor</u>
Sein Ziel ist es, sein Vermögen abzusichern und ohne große Schwankungen durch die Finanzwelt zu bewegen. Für ihn ist es besonders wichtig, auf den Großteil seiner Geldbeträge Zugriff zu haben. Er möchte sich nicht jede Woche mit der Geldanlage beschäftigen. Starke Schwankungen machen ihn nervös und unruhig. Für ihn steht Sicherheit im Vordergrund, dadurch büßt er jedoch Rendite ein.

Er könnte sein Geld anlegen in

- ✓ ETFs (diversifiziert)/Mischfonds
- ✓ Edelmetalle
- ✓ Tagesgeldkonto
- ✓ Immobilien

II. <u>Der ganzheitliche Investor</u>
Er möchte sein Portfolio so breit wie möglich streuen und in viele der großen Anlageklassen investieren. Ihm ist bewusst, dass er auch durch negative Erfahrungen wächst. Er interessiert sich aktiv für das Thema Geldanlage und möchte durch Diversifikation der Anlageklassen seine Rendite stetig, aber sicher steigern. Gleichwohl nutzt er die Geldanlage nicht um Risiken einzugehen, sondern handelt bedacht und ausgewogen.

Er könnte sein Geld anlegen in

- ✓ Aktien, ETFs, REITs
- ✓ Edelmetalle
- ✓ Immobilien
- ✓ Kryptowährungen
- ✓ P2P Kredite

III. Der risikobereite Investor

Ihm macht es nichts aus, sich auch für längere Zeit im negativen Bereich zu befinden und Verluste zu erleiden. Er beschäftigt sich stetig mit seinen Anlagen und recherchiert viel, um die Maximalrendite rauszuholen. Er setzt gern auf spekulative Anlagen und übergewichtet sein Portfolio in diese Richtung. Er kann es sich aber gleichzeitig leisten, Verluste zu realisieren.

Er könnte sein Geld anlegen in

- ✓ Aktien, ETFs
- ✓ Kryptowährungen
- ✓ P2P Kredite

**Schätzen Sie ein, zu welchem Investor-Typ Sie tendieren**

Sie sollten vor dem Investieren wissen, zu welchem Anlegertyp Sie gehören, damit Sie nicht fruchtlos von Emotionen Ihrer aktuellen Lebenssituation überwältigt werden oder in Anlageklassen investieren, die nicht zu Ihnen passen.

Man kann im Laufe des Lebens zwischen den Anlegertypen variieren. So kann ein Junggeselle ein risikobereiter Anleger sein, entwickelt sich aber nach einigen Jahren zum ganzheitlichen Investor, mit dem Wunsch von Sicherheit und Stabilität in seinen Finanzen.

Falls sich für Sie noch nicht herauskristallisiert hat, zu welchem Typen Sie gehören, können Ihnen die folgenden Fragen dabei helfen:

Wie haben Sie sich bei Ihrem letzten finanziellen Verlust gefühlt? Beziehungsweise, wie fühlen Sie sich, wenn Sie sich diese Situation vorstellen?

O sehr schlecht (I)
O es tat weh, aber es bereitet mir keine schlaflosen Nächte (II)
O es hat mich nicht interessiert, so ist es manchmal (III)

Wie viel Rendite möchten Sie erwirtschaften? (p. a. = per annum)

O bis zu 7% p. a. (I)
O über 7% p. a. (II, III)

<u>Stehen für Sie Rendite über Verfügbarkeit?</u>

O Ja (II, III)
O Nein (I)

<u>Nehmen Sie gerne Risiken in Kauf?</u>

O Ja (III)
O Nein (I, II)

<u>Macht Ihnen Geldanlage Spaß und können Sie daran Interesse entwickeln?</u>

O Ja (II, III)
O Nein (I)

<u>Möchten Sie in möglichst viele Anlageklassen investieren?</u>

O Ja (II)
O Nein (I, II)

Wenn Sie die Fragen für sich beantwortet haben, können Sie Ihre Antworten auf die oben genannten Anlegertypen übertragen. Anhand der in Klammern stehenden Zahlen können Sie erkennen, zu welchem Typen Sie tendieren.

# Das beste Investment

Bevor wir zu den Investitionen in bestimmten Anlageklassen übergehen, ist es mir wichtig zu erwähnen, dass Sie zuallererst immer in sich selbst investieren sollten. Man arbeitet mehrere Stunden oder Schichten hart für sein Geld und vergisst dabei, dass man seinen Körper jeden Tag ein kleines bisschen mehr abnutzt wie ein Auto, das immer mehr Kilometer sammelt. Man sollte in erster Linie überlegen, wie man sein Geld sinnvoll für seine Gesundheit einsetzen kann, damit man den inneren »Motor« pflegt und keinen Krankheiten zum Opfer fällt. Wie der französische Philosoph *Voltaire* sagte:

»In der ersten Hälfte unseres Lebens opfern wir unsere Gesundheit, um Geld zu erwerben, in der zweiten Hälfte opfern wir unser Geld, um die Gesundheit wiederzuerlangen. Und während dieser Zeit gehen Gesundheit und Leben von dannen.«

Das Zitat stammt aus dem 17. Jahrhundert, wenn man allerdings die heutige Gesellschaft betrachtet, hat sich zu damals nichts geändert. Wir leben in einer Leistungsgesellschaft, in der jeder versucht, den anderen zu übertrumpfen, und schneller, besser weiterzukommen. Wir sorgen uns teilweise mehr um unser Auto, unseren Job, unsere Wohnung als um unsere Gesundheit. An erster Stelle sollte genau diese stehen, denn sie ist es, die uns voranbringt.

### Ihre Gesundheit

Tun Sie sich etwas Gutes und entscheiden Sie sich für einen fixen Betrag, den Sie jeden Monat in Ihre Gesundheit stecken können. Denken Sie daran, dass zu einem ausgeglichenen Leben nicht nur viel Bewegung und Ernährung, sondern auch Ausgeglichenheit gehört. Diese können Sie in Form von mentalen Übungen wie Meditation finden. Folgende Beschäftigungen sind nicht zu unterschätzen und können Ihre Lebensqualität verbessern:

- ✓ Fitnessstudio
- ✓ Sauna/Massagen
- ✓ Fahrrad fahren
- ✓ Vereinssportarten
- ✓ Kampfsportarten
- ✓ Yoga
- ✓ Einfach richtig gut essen gehen

# Schritt für Schritt Anlageerfolge

Bei der Geldanlage ist es wie beim Treppensteigen. Sie sollten immer die nächste Stufe nehmen und eine nicht überspringen, sonst könnten Sie schnell ins Stolpern geraten. Gehen Sie Schritt für Schritt vor. Das Wichtigste dabei ist die Geduld. So komisch es klingen mag, man verdient am meisten Geld durch geduldiges Warten, nicht durch impulsives Kaufen und Verkaufen.

Das liegt zum einen daran, dass Investitionen ihre Zeit brauchen, um sich zu entwickeln, und zum anderen daran, dass der Wirtschaftszyklus sich auf und ab bewegt. So sollte man bei einem überbewerteten Markt abwarten oder verkaufen, und bei einem unterbewerteten Markt investieren (bspw. in Krisenzeiten).

Dieses Verhalten zahlt sich meist langfristig aus. Wichtig ist es, erwirtschafteten Gewinn nicht auszugeben, sondern zu reinvestieren. So kann Ihr Vermögen stetig wachsen. Welche einzelnen Stufen Sie beim Investieren erklimmen, wird hier veranschaulicht:

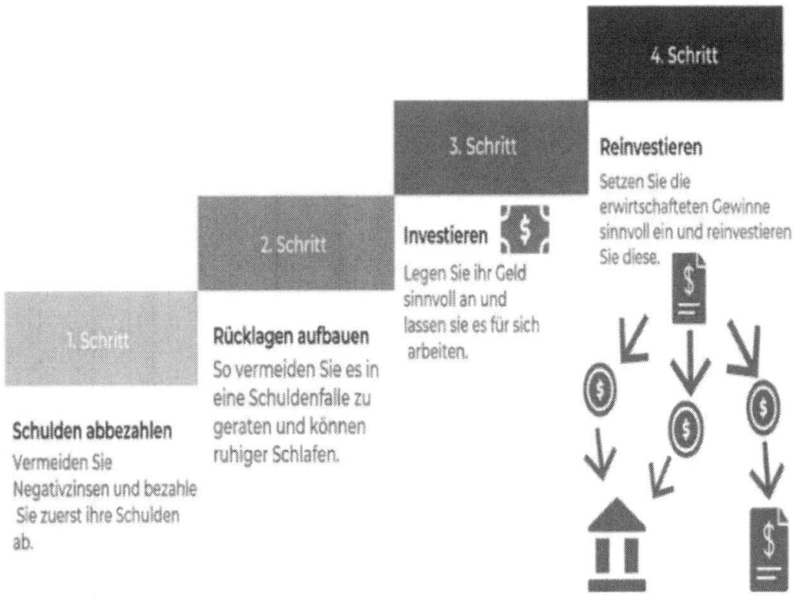

# Humankapital

Die nächste Investition, die Sie tätigen sollten, bevor Sie in Anlageklassen investieren, ist das Humankapital. Persönlich finde ich diesen Begriff sehr stumpf, da er impliziert, dass ein Mensch (Human) anhand von einem gewissen Gegenwert (Kapital) gemessen werden kann – dem ist nicht so. Das Humankapital beschreibt nicht den Wert eines Menschen, dieser kann nicht in Geld gemessen werden, und sollte es auch nie.

Der Begriff Humankapital beschreibt viel mehr, welche Fähigkeiten die jeweilige Person zu einer Wirtschaft verwertbar beitragen kann. Man kann sich das Ganze mit folgendem Szenario am besten vorstellen: Sie werden mit anderen Ihnen unbekannten Menschen auf eine einsame Insel ausgesetzt. Wie hoch ist die Chance, dass Sie durch soziale Fähigkeiten, Teamwork, Willensstärke, physische und kognitive Arbeitskraft ein Dorf aufbauen, im friedlichen Miteinander leben und sich nicht gegenseitig vernichten?

Beim Humankapital geht es nicht darum, wie viel Sie aktuell verdienen oder wie viel Ihr menschlicher Körper wert ist. Es geht darum, mit welchem Potenzial Sie welche Fähigkeiten entwickeln, die innerhalb eines wirtschaftlichen Rahmens monetär vergütet werden können. Wenn Sie demnach in Ihr Potenzial investieren und Ihre Fähigkeiten entwickeln, ausbauen und sich aneignen, werden Sie in Zukunft automatisch mehr verdienen.

Möglichkeiten in Ihr Humankapital zu investieren können Fort- und Weiterbildungen sein und Kurse zu Themen zu besuchen, die Ihnen gefallen und gleichzeitig nützlich sind. Eignen Sie sich Wissen mit Büchern an oder finden Sie jemanden, der sich in dem Bereich auskennt und Ihnen die wichtigsten Grundlagen beibringen kann.

Für das Investment in Anlageklassen ist das Humankapital insofern wichtig, da Sie hauptsächlich erst dann investieren können, wenn Sie Geld erwirtschaftet haben, das Sie sparen können. Versuchen Sie also so früh wie möglich Ihr Kapital zu steigern. Es geht die folgende Gleichung auf:

Ausgeprägtes Humankapital = Größere Ersparnisse =
Größere Investitionen = Höhere Rendite

# Das Dreieck der Geldanlage

Die perfekte Geldanlage würde eine maximale **Rendite** bei hoher **Sicherheit** und schneller **Verfügbarkeit** miteinander vereinen. Leider muss ich Sie enttäuschen, denn solch eine Geldanlage gibt es nicht.

Jeder der oben genannten Punkte gehört zu dem magischen Dreieck der Geldanlage. Dieses Dreieck veranschaulicht, dass alle drei Faktoren mit einer gewissen Abhängigkeit zueinanderstehen. So sind, abhängig von der jeweiligen Anlageklasse, immer zwei Punkte untergewichtet, während der andere übergewichtet ist. Man muss bei jedem Investment »Abstriche« machen.

Wir können festhalten, wenn wir Rendite, Sicherheit und Verfügbarkeit gleichzeitig haben wollen, müssen wir mehrere Anlagearten miteinander kombinieren und uns mit einem Kompromiss aus dem Investment zufriedengeben.

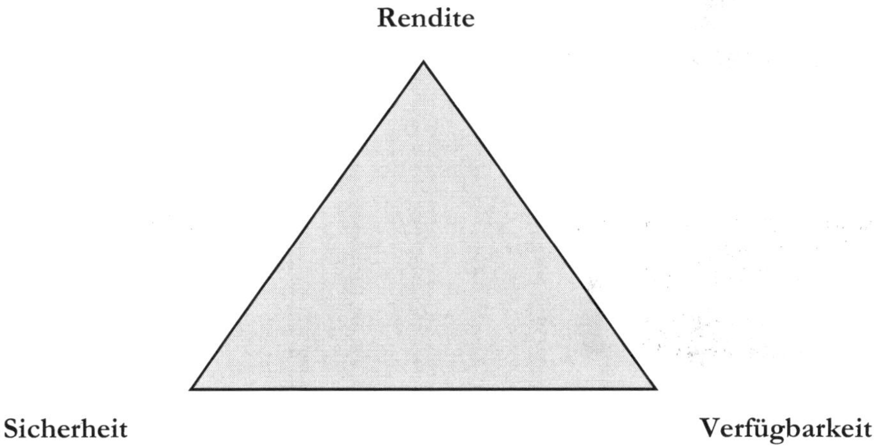

# Passives Einkommen

Das Wort »passives Einkommen« erfreut sich in unserer Gesellschaft immer größerer Beliebtheit. Manche Menschen glauben, dass sie ohne aktive Arbeit im Schlaf Geld verdienen können. Diese Vorstellung ist zwar schön, allerdings ist es üblich, dass man nirgendswo etwas geschenkt bekommt.

Um passiv Einkommen zu generieren, müssen Sie erst einmal aktiv werden und sich (passive) Einkommensquellen aufbauen, denn jedes Einkommen ist anfänglich mit einer aktiven Handlung verbunden. Warum ist passives Einkommen so wichtig, um Vermögen aufzubauen?

Wir alle haben am Tag ein begrenztes, gleichbleibendes Zeitpensum. Bei den meisten sieht dieses so aus: acht Stunden arbeiten, acht Stunden schlafen und acht Stunden Freizeit haben. Wenn wir mehr Zeit zum Arbeiten einplanen, kriegen wir vermutlich am Ende des Monats mehr Geld. Allerdings haben wir dann weder Zeit dafür, das Leben zu genießen noch können wir das erhöhte Arbeitspensum von angenommenen fünfzehn Stunden Arbeit pro Tag lange durchhalten (man bedenke das Thema Gesundheit als Investment).

Um das Zeitproblem zu lösen, ist der Aufbau von passiven Einkommensströmen tatsächlich von Vorteil. Wir investieren über einen begrenzten Zeitraum viel Arbeitskraft in den Aufbau einer passiven Einkommensquelle, können danach aber über einen langen Zeitraum davon profitieren.

### Wie starten?

Die einfachste Form, passives Einkommen aufzubauen, ist es qualitative Dividendenaktien zu kaufen. Diese Dividenden sind Unternehmensgewinne, die an die Aktionäre ausgeschüttet werden. Natürlich können Sie zu Beginn nicht gleich Ihre Miete von Dividenden bezahlen, aber Sie können darauf achten, dass Sie Aktien kaufen, die ihre Dividenden in den letzten Jahren stetig erhöht haben.

In den USA gibt es sogar eine eigene Bezeichnung für diese Aktien: die »Dividendenaristokraten«. Des Weiteren können Sie die später näher erläuterte **Dividendenstrategie** anwenden und Auszahlungen reinvestieren. Sobald Sie die richtigen Dividendenaktien ausgewählt haben, müssen Sie sich nur noch zurücklehnen und die Dividenden erneut investieren. So wächst Ihr passives Einkommen Schritt für Schritt, Stück für Stück, Jahr für Jahr.

Das Gegenstück zu Aktiendividenden, ist in der Kryptowelt das »Staken«. Sie können damit bis zu 20% p. a. an Gewinne erzielen, indem Sie Ihre Kryptowährungen den entsprechenden Plattformen zur Verfügung stellen. Dies ist deutlich risikoreicher als die Aktiendividende, da der Kryptomarkt sehr volatil ist. Natürlich können Sie hier aber mehr Rendite herausholen.

Auch P2P Kredite erwirtschaften gleich zu Beginn passives Einkommen und sind leicht und schnell einzurichten, hier sind Renditen bis zu 20% p. a. möglich. Eine weitere passive Einkommensquelle ist die Vermietung von Wohnimmobilien. Die durchschnittliche Mietrendite beträgt bei einer Immobilie ca. 5%. Allerdings betragen diese 5% des eingesetzten Kreditkapitals, dies ist eine enorme Summe, wenn Sie sich vorstellen, für welche Preise Immobilien heutzutage gehandelt werden.

All die oben genannten passiven Einkommensquellen werde ich im weiteren Verlauf genauer erläutern, sodass Sie schon bald selbst Ihre Einkommensströme aufbauen können. Darüber hinaus können Sie sich weitere passive Einkommensquellen aufbauen durch etwa:

- ✓ Affiliate-Marketing
- ✓ Aufbau von Webseiten
- ✓ Autovermietung
- ✓ Untervermietung von Wohnungen
- ✓ Lagerraumvermietung (bspw. ein ungenutzter Keller)
- ✓ Garagenvermietung

*Der erfolgreiche Investor hat sehr viel Geduld, er kauft weit unter dem fairen Wert und verkauft weit über dem fairen Wert.*

Warren Buffet
(Investor & CEO *Berkshire Hathaway*)

# Aktienmarkt

### Was sind Aktien?

Eine Aktie ist ein Wertpapier, das dem Besitzer Anteile einer Aktiengesellschaft verbrieft. Mit Aktien können Sie an dem Geschehen der Weltwirtschaft und dem jeweiligen Unternehmen teilhaben. Dabei gibt es verschiedene Formen des Aktieninvestments, z. B. das Investieren in ETFs und REITs.

### Was sind Investmentfonds?

Ein Investmentfond sammelt Geld von Anlegern ein und investiert dieses Geld am Kapitalmarkt. Der Fond wird von einem Fondsmanager beobachtet und geführt. Dabei wird das Geld nicht ausschließlich in Aktien, wie z. B. bei einem ETF, investiert. So bieten Fonds eine große Streuung und investieren gleichzeitig u. a. in Anleihen, Rohstoffe, Immobilien, etc. Da aktiv gemanagte Fonds in der Regel mehr Gebühren erfordern und die Rendite nicht unter allen Umständen besser ist als bei einem ETF, werde ich in diesem Buch nicht weiter auf das Thema eingehen, sondern erkläre den ETF genauer.

### Was sind ETFs?

Dies steht für *Exchange Traded Funds*, zu Deutsch börsengehandelter Indexfonds, welche meist einen bestimmten statistischen Messwert, den Index, abbilden. So bewegt sich der ETF-Chart mit nur leichten Abweichungen parallel zum Index.

Anleger können mit nur einer Investition in einen ganzen Markt oder Teilmarkt ihr Geld investieren. ETFs können z. B. Industrie-/Schwellenländer oder Branchen abbilden. Sie kaufen durch ein ETF-Investment automatisch alle Unternehmen, je nach Gewichtung, die in dem jeweiligen Index enthalten sind. Im Vergleich zu Einzelaktieninvestments sind sie relativ risikoarm und eignen sich somit optimal für den Einstieg in die Aktienwelt.

Zu unterscheiden ist zwischen dem **physischen** ETF und dem **synthetisch replizierenden** ETF, der entweder in die Kategorie **ausschüttend** oder **thesaurierend** fällt. Der physische ETF »hinterlegt« die im Index enthaltenen Aktien beim spezifischen Anbieter. Sie werden dort also »physisch« gelagert.

Beim **synthetischen ETF**, auch Swap-ETF genannt, sieht das etwas anders aus. Dort finden Tauschgeschäfte zwischen dem ETF-Anbieter und einer Bank, dem Swap-Partner, statt. Diese Tauschgeschäfte sorgen dafür, dass der Index »künstlich« nachgebildet wird, ohne dass die im Index enthaltenen Unternehmen 1:1 hinterlegt sind. Dieser Prozess findet Anwendung, da es oftmals für den Anbieter schwer ist, die jeweiligen Unternehmen in der geforderten Stückzahl mit der jeweiligen Gewichtung zu kaufen. Es ist für die meisten Anleger in erster Linie wichtig, dass der ETF die Rendite des Index abbildet. Genau dies tut ein synthetisch replizierender ETF.

**Ausschüttende ETFs** geben Teile der erwirtschafteten Unternehmensgewinne (Dividenden) an den Investor ab. Diese Ausschüttungen finden quartalsweise, halbjährlich oder jährlich statt. **Thesaurierende ETFs** reinvestieren Gewinne in die jeweiligen Unternehmen, anstatt sie auszuschütten. Dies passiert, ohne dass der Anleger aktiv etwas dafür tun muss.

Übersicht von ETFs, die bei Anlegern sehr beliebt sind

| **Name** | **investiert in** |
|---|---|
| Vanguard FTSE All-World UCITS ETF (Dist) | Weltwirtschaft (gesamt) |
| iShares Core MSCI World UCITS ETF (Acc) | Weltwirtschaft mit Fokus auf Industrieländer |
| iShares MSCI EM UCITS ETF (Dist) | Schwellenländer |
| iShares Global Clean Energy UCITS ETF | Erneuerbare Energie |
| iShares Edge MSCI World Momentum Factor UCITS ETF | Momentum Strategie |
| iShares Nasdaq 100 UCITS ETF (Acc) | Überwiegend Technologieunternehmen, welche an der NASDAQ aufgelistet sind |
| iShares EURO STOXX 50 UCITS ETF (DE) | Europäische Unternehmen |
| HANetf Procure Space UCITS ETF (Acc) | Weltraumunternehmen |
| iShares Automation & Robotics U-CITS ETF | Robotik |
| SPDR S&P US Dividend Aristocrats UCITS ET | Unternehmen mit hoher Dividendenrendite |
| Xtrackers Artificial Intelligence and Big Data UCITS ETF 1C | Künstliche Intelligenz |

Durch die enorme Diversifikation, welche ETFs ihrem Portfolio bieten, haben viele Investoren diese Anlage als schwankungsarmen »Kern« ihres Portfolios. Aber **Achtung**, es ist Vorsicht geboten! Als »Kern« eignen sich keine ETFs, die Branchen, sondern die gesamte Weltwirtschaft abbilden.

Häufig sind an der Börse bestimmte Branchen im Trend, so konnte der *Global Clean Energy* ETF zwischen 2020 und 2021 vom Wasserstofftrend vorerst stark profitieren. Als dieser Trend abflachte, ist der ETF schnell um 30% gefallen. Anfängern ist es daher zu empfehlen, von Branchen-/Trend-ETFs die Finger zu lassen.

## Beginnen Sie mit einem Sparplan

Wenn Sie in ETFs investieren möchten, ist es ratsam, erst einmal in einen ETF-Sparplan zu investieren, der die Weltwirtschaft – die Industrie und Schwellenländer – abbildet (siehe vorherige Tabelle). Dies können Sie schon ab 25 EUR monatlich tun. Dementsprechend müssen Sie zu Anfang keine großen Summen bewegen und können sich sicher an das Thema Aktieninvestment herantasten.

Sie profitieren außerdem beim Sparplaninvestment von dem sogenannten **Cost-Average-Effekt** (Durchschnittskosteneffekt). Wenn Sie also die gleiche Summe in regelmäßigen Intervallen ohne Emotionen investieren, verhindern Sie, dass Sie am günstigsten, aber auch am teuersten Punkt einsteigen. So erhalten Sparplananleger bei einem hohen Kurs weniger Anteile, was sie davor schützt, zu viel zu einem zu hohen Preis zu kaufen. Bei einem niedrigen Kurs werden hingegen mehr Anteile des jeweiligen Sparplaninvestments gekauft. Sie kaufen schlussendlich zu dem durchschnittlichen Preis in der jeweiligen Zeitspanne.

Zudem fallen bei den meisten Sparplänen die Transaktionskosten weg. So haben Sie mehr von Ihrem Geld. Wenn Sie möchten, können Sie allerdings auch, je nach Belieben, fernab eines passiven Sparplans aktiv ein ETF kaufen.

Bei ETFs beschreibt die **Gesamtkostenquote**, das sogenannte **TER** (*Total Expense Ratio*), die jährlichen Kosten. Diese können zwischen 0,18%-0,80% jährlich liegen und sind vergleichbar mit aktiv gemanagten Fonds relativ gering. In der Regel sind physische ETFs geringfügig teurer als synthetische ETFs, da die synthetischen ETFs nicht 1:1 den Index nachkaufen müssen und sich somit Kosten sparen.

## REITs

Ein weiteres, interessantes Aktieninvestment sind Immobilienaktien, sogenannte REITs (*Real Estate Investment Trust*). REITs sind Kapitalgesellschaften, deren Hauptaufgabe es ist, Immobilienbesitz zu verwalten, zu vermieten und neue Objekte zu akquirieren. Dabei sind REITs börsennotiert, d.h. sie können als Aktie ganz normal an der Börse gekauft werden. So verbinden Sie die Immobilienanlage mit der Aktienanlage. Der Kleinanleger kann, ohne einen großen Kredit aufzunehmen, in Immobilien weltweit investieren, und muss sich nicht um die Verwaltung und Vermietung kümmern.

Durch die speziellen steuerrechtlichen Vorteile in Verbindung mit den stetigen Mieteinnahmen, haben REITs meist eine hohe und regelmäßige Ausschüttungsquote an Dividenden. Es gibt sogar Unternehmen wie *Realty Income Corporation* und *STAG Industrial Inc.*, welche monatlich ihre Dividenden ausschütten.

REITs bilden vorwiegend bestimmte Immobilienbranchen ab, so hat sich beispielsweise *Medical Properties Trust* ausschließlich auf Gesundheitseinrichtungen wie Krankenhäuser und Therapiezentren ausgerichtet, wohingegen *Realty Income Corporation* zum Großteil Immobilien im Einzelhandel besitzt.

Die Investition in REITs ist gerade für Dividendeninvestoren sehr interessant, da der Immobilienmarkt deutlich stabiler ist als der Aktienmarkt. Große Kurssprünge sind bei REITs eher selten. So profitiert man mit dem Investment u. a. von Stabilität und kontinuierlichen Einnahmen.

Einige REITs in der Übersicht

| **REIT-Unternehmen** | **Branche** |
|---|---|
| W.P. Carey Inc. | Gewerbe Immobilien |
| STAG Industrial Inc. | Lagerhallen |
| American Tower Corporation | Funkmasten/Sendeanlagen |
| Digital Realty Trust Inc. | Rechenzentren |
| Omega Healthcare Investors | Gesundheitseinrichtungen |
| Iron Mountain Incorporated | Datenzentren |

**Wo werden Aktien gehandelt?**

Aktien werden u. a. an Börsen wie *New York Stock Exchange* (NYSE), *NASDAQ*, *Börse Frankfurt*, *Tokyo Stock Exchange* und *Shanghai Stock Exchange* gehandelt. An diesen Börsen treffen Käufer auf Verkäufer, Angebot auf Nachfrage. Allerdings handeln sie nicht über die Börse direkt, sondern über einen »Broker«. Dieser fungiert als eine Art Zwischenhändler und übernimmt im Auftrag der Anleger die Vermittlung von Handelsobjekten an der jeweiligen Börse.

<u>Einige Broker im Vergleich</u>

| Broker | Kosten | Angebot | Handelsplätze |
|---|---|---|---|
| Consorsbank | 4,95 Euro + 0,25 % des Ordervolumens<br><br>Keine Kontoführungsgebühren<br><br>Teilweise kostenlose Sparpläne | Als App und Onlinebroker verfügbar | Handel an allen dt. Börsen und an allen US-Börsen |
| ComDirekt | 4,90 Euro + 0,25 % des Ordervolumens<br><br>Kostenpflichtige Depotführung | Als App und als Onlinebroker verfügbar | Société Générale<br><br>Baader Bank<br><br>Lang und Schwarz<br><br>Tradegate |
| Scalable Capital | Free Broker: Kostenlos ETFs handeln<br><br>Kostenlose Sparpläne | Als App und als Onlinebroker verfügbar<br><br>Über 5.500 Aktien und ETFs handelbar, sowie 2.000 Investmentfonds | Handel über die Börse Xetra und Gettex (Börse München) |

| | | | |
|---|---|---|---|
| | Keine Kontoführungsgebühren<br><br>Aktienkauf kostet nur 0,99 EUR<br><br>Weiterhin gibt es den Broker (2,99 EUR mtl.) und den Broker flex. (4,99 EUR mtl.) mit mehr Features | | |
| Trade Republik | Keine Kontoführungsgebühr, Jeder Handel kostet nur 1 EUR<br><br>Kostenlose Sparpläne | Nur als App auf dem Handy verfügbar<br><br>Knapp 8.000 Aktien und ETFs verfügbar, neuerdings auch einige Kryptowährungen | Börse Hamburg |

(Stand 01.05.2021)

## Der Zinseszinseffekt

Wenn es um das Aktieninvestment geht, ist es von Wichtigkeit, vom Zinseszinseffekt gehört zu haben. Dieser wird auch das »achte Weltwunder« genannt. Zinseszinsen sind Zinsen, die auf bereits erhaltene Zinserträge gezahlt werden. Beim Zinseszinseffekt werden die Erträge über einen längeren Zeitraum zusammen mit dem Anfangskapital zum selben Zinssatz wieder angelegt. So werden die eingenommenen Zinsen nicht ausgegeben, sondern reinvestiert (thesauriert). Das zu verzinsende Kapital steigt somit exponentiell an.

## Die »Macht« des Zinseszins

Das Beispiel zeigt Ihnen eine über zwanzig Jahre angelegte Sparrate von 250 EUR monatlich.

| Jahre | Gespartes Kapital ohne Zinsen in EUR | Gespart mit 10% Zinsen pro Jahr in EUR |
|---|---|---|
| 5 | 15.000 | 19.359 |
| 10 | 30.000 | 51.211 |
| 15 | 45.000 | 103.618 |
| 20 | 60.000 | 189.842 |

## Verluste ausgleichen

Die Macht des Zinseszinseffekts ist groß, allerdings können Verluste an der Börse große Auswirkungen haben. So können Sie einen Verlust von 30% nicht mit einem Gewinn von 30% ausgleichen.

Bsp.: Eine Aktie mit 100 EUR Wert verliert 30% und liegt jetzt bei 70 EUR. Wenn Sie die nächsten Tage einen Gewinn von 30% verzeichnen, liegen Sie gerade mal bei 91 EUR. Dabei wird es, je höher die Verluste sind, immer schwieriger, besagte Verluste auszugleichen. Die Tabelle sollte Ihnen dies veranschaulichen.

| Verlust in Prozent | Benötigter Gewinn für einen Ausgleich in Prozent |
|---|---|
| -1 | +1 |
| -5 | +5 |
| -10 | +11 |
| -20 | +25 |
| -30 | +43 |
| -40 | +67 |
| -50 | +100 |
| -60 | +150 |
| -70 | +233 |
| -80 | +400 |

Um solche starken Verluste zu vermeiden und Ihr Geld nicht zu verlieren, habe ich Ihnen die wichtigsten Grundsätze aufgezählt, um Fehler beim Investieren in Aktien zu vermeiden.

## Das Vermeiden von Fehlern am Kapitalmarkt

Informieren Sie sich über das, was Sie kaufen.
Viele Anleger kaufen blind anderen Investoren nach, ohne zu wissen, wofür das Unternehmen steht.

Streuen Sie Ihr Risiko.
So gleichen Sie Verluste bei anderen Investments aus und fühlen sich weniger schlecht, wenn es mit einigen Aktien nicht gut läuft. Dabei sollten Sie in verschiedene Branchen und Anlageklassen investieren.

Investieren Sie nur das, was Ihnen zur Verfügung steht.
Nehmen Sie keine Schulden für Aktien oder Kryptowährungen auf. Das könnte Sie in die Schuldenfalle stoßen.

Arbeiten Sie mit der Stop Loss-Order.
Wenn Sie in etwas investieren, was als spekulativ einzuordnen ist, setzen Sie ein Stop Loss. Dies ist eine Handelsorder, welche Sie vor Kursverlusten bewahrt und automatisch verkauft, wenn ein bestimmter Kurs erreicht wird.

Verfolgen Sie eine Strategie.
Nur wer eine Strategie hat, lässt sich nicht von seinen Emotionen treiben und trifft langfristig rationale Entscheidungen.

Gewinne realisieren.
Kaufen Sie günstig ein und verkaufen Sie teurer. Viele Anleger kaufen sich in Trends ein, wenn die Kurse hoch sind, und verkaufen aus Angst, wenn die Kurse fallen. Gleichzeitig werden etwaige Kursgewinne nicht mitgenommen. Dieses Verhalten sorgt dafür, dass Sie schlichtweg Geld zum Fenster rauswerfen.

Denken Sie langfristig.
Wenn Sie einen kurzen Investmenthorizont haben, lohnt sich der Aktienmarkt oftmals nicht für Sie. Wenn Sie hingegen langfristig anlegen, können Sie sich bei kurzzeitigen Rücksetzern zurücklehnen und den Buchwertverlust aussitzen.

Transaktionsgebühren
Je mehr Trades (Handel) Sie machen, desto mehr zahlen Sie am Ende an Transaktionsgebühren. Dieses Hin und Her kann Ihre Rendite sprichwörtlich auffressen.

## Aktien und deren Kategorien

Aktien werden begrifflich in verschiedene Kategorien eingeordnet. Damit Sie verstehen, welcher Begriff für welches Unternehmen steht und was die Begrifflichkeiten im Allgemeinen bedeuten, habe ich Ihnen die Wichtigsten notiert.

Standartwerte »Bluechips«

Dies sind meist bekannte Unternehmen, welche umsatzstark sind. Diese Unternehmen werden durch ihre enorm große Marktkapitalisierung auch Large Caps genannt. Diese Art von Aktien ist als stabil einzuordnen, somit für den Anfänger gut geeignet. Trotzdem bewahrt die hohe Marktkapitalisierung diese Aktien nicht vor Einbrüchen. Das Risiko ist zwar geringer als bei Mid- oder Small Caps, dennoch ist die Investition in einzelne Unternehmen im Vergleich zu einem ETF immer mit einem Risiko behaftet (Beispielunternehmen: *Amazon*).

Mid Caps

Mid Caps sind Unternehmen mit einer mittleren Marktkapitalisierung. Oft liegt hier mehr Potenzial im Wachstum, allerdings auch mehr Risiko. In Deutschland sind dies Unternehmen die im MDax gelistet sind, wie z. B. *ProSieben.*

Small Caps

Diese Unternehmen haben eine geringe Marktkapitalisierung. Wie auch bei den Mid Caps, ist das erhöhte Kurspotenzial auch mit erhöhtem Risiko verbunden. In Deutschland findet man diese Unternehmen im SDax, wie z. B. *Hypoport SE.*

Zyklische Aktien

Dies sind Unternehmen, die stark vom Wirtschaftszyklus abhängig sind. Dieser bewegt sich über Jahre vorwiegend wellenförmig. Nach einem Aufschwung kommt der Abschwung einhergehend mit einer Depression, anschließend folgt wieder ein Aufschwung. Zyklische Aktien sind insbesondere in den Branchen Automobil- und Luxusartikelhersteller zu finden.

Antizyklische Aktien

Der Gegenspieler zu den zyklischen Titeln, sind die antizyklischen Aktien. Dies sind meist Unternehmen, deren Produkte immer gebraucht werden und bei denen konstant eine Nachfrage besteht, unabhängig von der Wirtschaftslage. Meist sind dies Artikel des täglichen Bedarfs oder der täglichen Versorgung, die sich jeder leisten kann. Zu nennen wären hier die Nahrungsmittelindustrie oder Unternehmen der Gesundheitsversorgung wie z. B. Pharmaziehersteller wie *Johnson & Johnson.*

Growth Aktien

Unternehmen, die sich in einem großen Wachstum befinden. Diese sind allerdings oft überbewertet, da das Wachstumspotenzial in der Zukunft meist schon in den Aktienpreis eingeflossen ist. Als Beispiel wären *NVIDIA* und *Palantir* zu nennen.

Value Aktien

Unternehmen, die einen höheren »inneren« Wert haben als der aktuelle Marktpreis der Aktie. Dieser innere Wert kann durch bestimmte Kennzahlen ermittelt werden (s. Kapitel Fundamentalanalyse). Value Aktien haben sich bereits in den Markt etabliert und besitzen einen »substanziellen« Wert. Als Beispiel wären *Microsoft* und *Walmart* zu nennen.

Dividenden Aktien

Diese Unternehmen kennzeichnet eine hohe Dividendenausschüttung, leider in einigen Fällen zum Nachteil der Kursentwicklung. Allerdings kann eine stetige Gewinnausschüttung hervorragend zur Reinvestition eingesetzt werden und bietet eine unkomplizierte passive Einnahmequelle. Ein klassisches Dividendenunternehmen ist die *Deutsche Telekom AG.*

## Die Auswahl der Einzelaktien

Wenn Sie sich dazu entschieden haben, Aktien von einzelnen Unternehmen in Ihr Portfolio aufzunehmen, sollten Sie sich das Unternehmen genau anschauen und längerfristig beobachten, um das Risiko von starken Kursverlusten zu vermeiden. Dazu können Sie Ihre favorisierten Unternehmen mit einer Watchlist oder Beobachtungsliste ganz einfach im Blick behalten. Informieren Sie sich über jegliche Neuigkeiten in dem jeweiligen Unternehmen und verfolgen Sie die Kurse. Dazu sollten Sie zu Beginn nur vereinzelte Unternehmen beobachten (dazu mehr im Kapitel Paretoprinzip).

Eine **Fundamentalanalyse** und eine **technische Analyse** helfen Ihnen dabei, sich einen guten Überblick über das Unternehmen zu verschaffen. Nachfolgend einige Kennzahlen, die ich für wichtig erachte. Es gibt viele weitere Methoden, eine Aktie zu bewerten. Allerdings reichen meines Erachtens nach diese für den Einstieg aus, um eine Aktie bewerten zu können und ein Gefühl für die Materie zu gewinnen.

**Fundamentalanalyse**
(Unternehmensdaten/betriebswirtschaftliche Kennzahlen)

1. Wachstum und Stabilität

- ✓ Wie sieht das Umsatzwachstum der letzten fünf Jahre aus?
- ✓ Wie stabil ist das Wachstum?

Wenn ein Unternehmen längerfristig existieren möchte, ist ein stabil wachsender Umsatz essenziell.

2. Profitabilität/Rentabilität

- ✓ Erwirtschaftet das Unternehmen bereits Gewinne?
- ✓ Seit wann werden Gewinne erwirtschaftet?
- ✓ Ab wann sind Gewinne zu erwarten?

3. Verschuldung

- ✓ Wie hoch ist das Eigenkapital im Vergleich zu der Verschuldung? (Eigenkapitalquote/Verbindlichkeiten)
- ✓ Wie wurden Schulden eingesetzt? Wurden sie für Investitionen und Wachstum eingesetzt oder »verpulvert«?

4. Das Management

- ✓ Wie ist das Management aufgebaut? (Erfahrungen/Expertise)
- ✓ Gab es in der letzten Zeit Skandale oder Vorwürfe (Bsp.: *Wirecard AG*)?
- ✓ Wie lange hat der CEO seine Position?
- ✓ Hält das Management selbst Anteile (Aktien) an dem Unternehmen?
- ✓ Wurden nachvollziehbare Entscheidungen in der Vergangenheit getroffen?

5. Wettbewerbsfähig

- ✓ Kann sich das Unternehmen gegen die Konkurrenz durchsetzen?
- ✓ Hat das Unternehmen und dessen Produkte Alleinstellungsmerkmale (Leistungsmerkmale, die sich deutlich von der Konkurrenz abheben)?

6. Quartalsberichte

Um die Entwicklung der Unternehmen in einem bestimmten Marktzeitraum zu erkennen, können Sie auf die jeweiligen Quartalsberichte zugreifen. Anhand der Quartalsberichte kann eine ungefähre Prognose auf die zukünftigen Quartale abgegeben werden.

Falls Sie gerne mit Kennzahlen arbeiten, können Sie sich noch das KGV, KUV und KBV anschauen.

KGV (Kurs-Gewinn-Verhältnis)

Hierbei wird der aktuelle Kurs in Relation zu einem gegebenen oder erwarteten Gewinn je Aktie gesetzt. Kurzum: Das KGV zeigt an, mit welchem Vielfachen des Jahresgewinns eine Aktie an der Börse bewertet wird. Bei dieser Kennzahl heißt es also, je niedriger desto preisgünstiger.

$$\text{KGV} = \frac{\text{Aktienkurs}}{\text{Gewinn pro Aktie}}$$

Das KGV ist eine sehr gute, aber auch umstrittene Kennzahl, da gerade viele Unternehmen aus der Tech-Branche ihre Gewinne erst in der Zukunft erwirtschaften.

KUV (Kurs-Umsatz-Verhältnis)

Das Kurs-Umsatz-Verhältnis ist eine Aktienkennzahl, die den angemessenen, fairen Preis eines Unternehmens ermittelt, indem sie seine Marktkapitalisierung in Verhältnis zum Jahresumsatz setzt. Dabei werden auch, anders als beim KGV, Aktien berücksichtigt, die noch keinen Gewinn machen, da beim KUV explizit der Umsatz berücksichtig wird.

$$\text{KUV} = \frac{\text{Marktkapitalisierung}}{\text{Umsatz}}$$

Die Faustformel lautet dabei $<1$ = günstig und $>1{,}5$ = zu teuer bewertet

KBV (Kurs-Buchwert-Verhältnis)

Der Buchwert zeigt an, wie viel das Unternehmen tatsächlich wert wäre, wenn man es am Bilanzstichtag auflösen und verkaufen würde. Dementsprechend zeigt das KBV an, wie viel eine Aktie des jeweiligen Unternehmens im Vergleich zum Buchwert wert ist.

Bsp.: Wenn das KBV bei 0,75 liegt, dann erhält der Anleger für jeden investierten 0,75 EUR im Gegenzug 1 EUR an der Börse. Daher ist ein niedrigeres KBV anzustreben.

$$\text{Buchwert} = \frac{\text{Eigenkapital}}{\text{Anzahl der Aktien im Umlauf}} \qquad \text{KBV} = \frac{\text{Kurs einer Aktie}}{\text{Buchwert je Aktie}}$$

EBITDA (*Earnings Before Interest, Taxes, Depreciation and Amortization*)
Übersetzt ist das der Gewinn vor Zinsen, Steuern, Abschreibungen von Sachanlagen und Abschreibungen auf immaterielle Vermögensgegenstände. Wenn Sie den EBITDA mit den Vorjahren vergleichen, ist es möglich, gewisse Wachstumstrends zu entdecken.

## Technische Analyse (Chartanalyse)

Die technische Analyse ist wichtig, wenn Sie versuchen einen guten Einstiegs- und Ausstiegspunkt für den Aktienhandel zu finden. Für die Analyse können Sie sich mit Hilfe von diversen kostenlosen Internetseiten alle möglichen Indikatoren in den Chart einzeichnen lassen und so erkennen, wann sich eine günstige Kauf- und Verkaufsgelegenheit bietet. Die technische Analyse ist hochkomplex, deshalb wird Sie in diesem Buch nur kurz angeschnitten.

Es ist hilfreich, die Kerzenformationen (*Candlestick pattern*), eine häufig genutzte Chartform, zu verwenden und auf Tageskerzen umzustellen. So können Sie genau sehen, zu welchem Kurs eine Aktie an welchem Tag eröffnet und geschlossen hat. Des Weiteren ist es durch die farbliche Kennzeichnung einfacher, gewisse Formationen zu lesen und Trends zu erkennen.

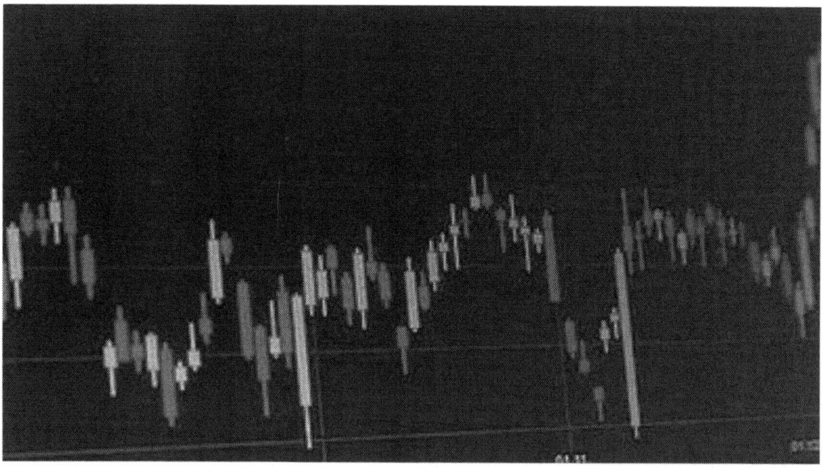

Im weiteren Verlauf werden einige Indikatoren aus der technischen Analyse erklärt.

Widerstands- und Unterstützungslinien

So werden Chartlinien bezeichnet, an denen eine Umkehr in der Vergangenheit mehrmals stattgefunden hat. Dabei verhindern Widerstandslinien den Ausbruch nach oben und Unterstützungslinien den Ausbruch nach unten. Um eine Widerstands- oder Unterstützungslinie einzeichnen, sollte diese an mehreren Punkten bestätigt werden.

EMA 20/50/200 oder Gleitende Durchschnitte

Als gleitende Durchschnitte werden Linien bezeichnet, welche die Durchschnittskurse in den jeweiligen Zeitabschnitten anzeigen. EMA steht für *Exponential Moving Average* (gleitender Kursdurchschnitt), sodass die Zahlen 20/50/200 die Anzahl der Tage repräsentiert. Ratsam ist es hier dann einzusteigen, wenn der Kurs unter dem jeweiligen EMA ist.

MACD *(Moving Average Convergence/Divergence)*

MACD – oder zu Deutsch Indikator für das Zusammen- und Auseinanderlaufen des gleitenden Durchschnitts – ist ein Trendfolgeindikator. Mit ihm kann man einen Aufwärts- oder Abwärtstrend erkennen und entsprechend handeln.

Dabei besteht der MACD aus zwei Linien und einem Histogramm. Beim Kreuzen der Linien spricht man entweder von einem *bearish* oder *bullish crossover* (s. Begriffsverzeichnis). Die Kreuzungen der Linien geben entsprechende Kauf- oder Verkaufssignale.

Bollinger Bänder

Dieser Indikator besteht aus drei verschiedenen Linien, diese bilden einen Volatilitätskanal (Schwankungskanal). Das Grundverständnis ist, dass sich der Preis tendenziell immer innerhalb der Bollinger Bänder bewegt. Bricht der Kurs aus diesen Bändern aus, ist eine Fortsetzung der Bewegung in die gleiche Richtung höchst wahrscheinlich. »Prallt« der Kurs von dem unteren und oberen Band ab, ist es sehr wahrscheinlich, dass der Kurs immer wieder zu dem mittleren Band zurückkehrt. Wenn sich das obere und untere Band verengen, kann dies auf eine große bevorstehende Kursbewegung hindeuten.

Aus diesen Bewegungsmustern kann man einen günstigen Ein- und Ausstiegspunkt wählen.

Einstieg = Kurs notiert am unteren Band
Ausstieg = Kurs notiert am oberen Band

RSI (Relative-Stärke-Index)
Der RSI vergleicht durchschnittliche Kurserhöhungen mit durchschnittlichen Kursverlusten. Dieser wird durch eine einfache Chartlinie dargestellt. Der RSI zeigt dem Investor an, wenn ein Produkt unter- oder überkauft ist. Hier gilt es natürlich dann einzusteigen, wenn das Produkt unterkauft ist und auszusteigen, wenn es überkauft ist. Dabei spricht man von einem überkauften Produkt, wenn der RSI über 70 ist und von einem unterkauften Produkt, wenn er unter 30 ist.

## Drei Grundannahmen der Chartanalyse nach John J. Murphy

I. Die Marktbewegung diskontiert alles.
Wenn die Kurse des Gesamtmarktes oben oder unten sind, kann man davon ausgehen, dass die Kurse der Unternehmen innerhalb des Marktes es auch sind.

II. Kurse bewegen sich in Trends.
Ein Kurs hat nur drei Bewegungsrichtungen: aufwärts, abwärts oder seitwärts (Konsolidierung). Dabei bewegt der Kurs sich oftmals in Trends, welche durch Widerstands- und Unterstützungslinien bestätigt werden.

III. Die Geschichte wiederholt sich selbst.
Chartmuster der Vergangenheit wiederholen sich häufig wieder.

## Aktienstrategien
Sie kennen nun die Kategorien der Aktien und wissen ein Unternehmen einzuschätzen und zu bewerten. Nun ist es wichtig, Ihr Wissen mit der richtigen Aktienstrategie zu ummanteln.

Pull Back Strategie
Sie kaufen Aktien, *nachdem* diese einen Rücksetzer erlitten haben, da die Unternehmen durch eine absehbare mittelschwere Krise gehen. Dabei verlassen Sie sich durch Hintergrundrecherche darauf, dass sich das Unternehmen wieder erholt. Um nicht mit der Hand in das fallenden Messer zu greifen, kaufen Sie nach und nach in Tranchen ein und tasten sich somit in Richtung Kursboden. Sobald das Unternehmen sich erholt hat, verkaufen Sie mit einem Gewinn Ihre Aktien wieder.

Dividenden-Strategie
Diese Strategie zielt darauf ab, in Unternehmen mit einer hohen Dividendenrendite zu investieren. Durch die stetigen Dividendenzahlungen wird ein schneller

Cashflow generiert, welcher wiederum zum Reinvestieren in Dividendenaktien eingesetzt wird. So wachsen die jeweiligen Anteile an den Unternehmen sowie die Dividendenausschüttungen Jahr für Jahr. Wenn Ihnen dabei monatliche Ausschüttungen wichtig sind, können Sie in Monatszahler wie R*ealty Income Corporation*, *STAG Industrial Inc.* oder *Northland Power* investieren. Sie können auch Quartalszahler so kombinieren, dass Sie eine regelmäßige monatliche Ausschüttung erhalten.

## Optionale Dividendenstrategien

Dividenden-Sparplan-Strategie

Die Dividendenausschüttungen können auch dazu genutzt werden, einen Sparplan zu bedienen. Bei den meisten Brokern kann man Sparpläne monatlich ab 25 EUR einrichten. So kann man beispielsweise schon ab einer jährlichen Dividendenausschüttung von 300 EUR (300 EUR ÷ 12 Monate = 25 EUR) einen Sparplan ausführen, ohne zusätzliches Kapital einzusetzen.

Dogs of the Dow nach *Michael B. O'Higgins*

Es werden die zehn Aktien eines Index (bspw. *Dow Jones*) zu Jahresbeginn mit der höchsten Dividendenrendite gekauft und ein Jahr gehalten. Nach den Jahresschlusskursen wird das Portfolio erneut angepasst. Aktien, welche im Laufe des Jahres nicht mehr unter den Top 10 stehen, werden durch die ersetzt, die aufgeholt haben.

Persönlich favorisierte Dividendentitel

| Name | Branche | Dividendenrendite pro Jahr und Ausschüttung |
|---|---|---|
| British American Tobacco Plc | Tabak (vermehrt im Bereich CBD Cannabis) | 8% Quartalsweise |
| Omega Healthcare Investors | REIT Gesundheitswesen | 7,6% Quartalsweise |
| BASF SE | Chemieunternehmen | 4,9% Jährlich |
| Daimler AG | Automobilhersteller | 1,8% Jährlich |

| | | |
|---|---|---|
| Unilever | Konsumgüter<br>Alltagsbedarf | 3% Quartalsweise |
| Johnson & Johnson | Gesundheitsbranche<br>Pflege/Konsumgüter | 2,5% Quartalsweise |
| Coca-Cola | Konsumgüter | 3% Quartalsweise |
| Realty Income Corporation | REIT<br>Konsumgüter | 4,9% Monatlich |
| STAG Industrial Inc. | REIT<br>Logistik | 4,6% Monatlich |
| Gladstone Commercial Corporation | REIT<br>Büro/Industrie | 8% Monatlich |
| McDonald's | Konsumgüter | 2,3% Quartalsweise |

Core-Satellite-Strategien

Diese Strategie bezieht sich auf ein Kerninvestment (Core), bei dem der Großteil Ihres Aktienvermögens enthalten ist. Dieser Kern sollte möglichst stabile Renditen erwirtschaften und wenig Schwankungen aufweisen. Dafür eignet sich bspw. ein diversifizierter ETF wie der *FTSE All World*-Index oder der *MSCI World*.

Den restlichen Teil Ihres Aktieninvestments verteilen Sie in Einzelaktien (Satelliten), die bildlich gesprochen um den Kern verteilt sind und tendenziell mehr Rendite aber auch Risiko bieten als der Kern. Sie können dabei nach Ihren eigenen Bedürfnissen schauen, wie Sie die Aufteilung Core/Satellite haben möchten.

Somit haben Sie eine gute Mischung aus Stabilität (Core) und Rendite (Satelliten). Gleichzeitig können Sie den Investmentschwerpunkt auf bestimmte Unternehmen legen, an die Sie in der Zukunft glauben.

Momentum Strategie nach *Robert A. Levy*

Bei dieser Strategie wird darauf vertraut, dass Unternehmen, die in den letzten sechs Monaten sehr gute Kurse erzielt haben, durch ihr Momentum (Schwung) auch in Zukunft weiterhin steigen werden. Dabei wird auf die relative Stärke Bezug genommen. Unternehmen mit einer hohen relativen Stärke zeigen mehr Bewegung auf als Unternehmen mit einer niedrigen relativen Stärke. Dazu wird der Indikator RSI (Relative-Stärke-Index) benutzt.

Die Momentum Strategie wird mittlerweile auch durch einige Momentum ETFs abgebildet. So kann man mit nur einem ETF die komplette Strategie abbilden.

Zukunft Strategie

Sie zielt darauf ab, in Märkte zu investieren, die sich in den nächsten Jahren stark entwickeln können und überdurchschnittliche Renditen erwirtschaften.

- ✓ Raumfahrt
- ✓ Erneuerbare Energie
- ✓ Künstliche Intelligenz
- ✓ Robotertechnik
- ✓ Elektromobilität

Um nicht nur auf ein Unternehmen zu setzen, gibt es auch hier inzwischen eine Vielzahl an ETFs, welche mit mehreren Unternehmen den jeweiligen Zukunftsmarkt abbilden.

Weltportfolio

Sie investieren in den *FTSE All Country World* und bilden mit nur einem ETF die gesamte Weltwirtschaft nach. Allerdings sind bei diesem ETF die Industrieländer (insbesondere USA) deutlich übergewichtet. Wenn Sie Ihren Fokus mehr auf die Schwellenländer u. a. den asiatischen Markt legen wollen, eignet sich eine Kombination aus dem *MSCI World* und dem *MSCI Emerging Markets*-ETF. Je nach Belieben können Sie Ihre Gewichtung vornehmen (Bsp.: 60% *MSCI W.*/40% *MSCI EM*).

Der Vorteil dabei ist, dass Sie bei dieser Strategie nicht viel Zeit und Mühe investieren müssen. Ihr angelegtes Kapital wächst automatisch mit der Weltwirtschaft zusammen.

Buy and Hold

Aktien kaufen und halten. Wie der größte Aktienspekulant seiner Zeit *André Kostolany* sagte: »Kaufen Sie Aktien, nehmen Sie Schlaftabletten und schauen Sie die Papiere nicht mehr an [...]«. Kostolany war kein Freund von Betäubungsmitteln oder Schlaftabletten, er erkannte jedoch durch seine langjährige Erfahrung an der Börse, dass fundamental gute Unternehmen, die eine große Marktpräsenz haben, über eine lange Zeit stetig wachsen. So rat er seinen Lesern auf seine sarkastische Art, Aktien zu kaufen und mehrere Jahre durchzuschlafen. Wenn Sie aus Ihrem Dornröschenschlaf aufwachen, haben Ihre Investitionen mit hoher Wahrscheinlichkeit eine gute Rendite erwirtschaftet.

## Die beste Strategie

Strategien entwickeln Ihr Potenzial meist erst über längere Zeit. Springen Sie nicht entmutigt hin und her. Die beste Strategie ist die, welche Sie sich erarbeiten.

Strategien sind wertvoll, denn Sie sollten sich im Klaren sein, dass Investitionen früher oder später Emotionen wie Wut, Euphorie, Angst und Gier auslösen können. Nicht umsonst gibt es den sogenannte *Fear & Greed* Index, welcher die Angst und die Gier der jeweiligen Anleger darstellt. Daher ist es umso wichtiger, dass Sie Ihre Geldanlage mit einer Struktur einleiten und weiterführen.

## Brokerempfehlung

Sie können alle vorher genannten Strategien mit meinem Lieblingsbroker *Scalable Capital* optimal umsetzen. Der Broker vereint geringe Transaktionskosten mit einem übersichtlichen Interface und hat darüber hinaus eine Desktop- und Handyversion. Des Weiteren finden Sie bei diesem Broker eine Vielzahl an kostenfreien Sparplänen.

## Zusammenfassung

<u>Vorteile</u>

- ✓ Schnell handelbar, man kann innerhalb der Handelszeiten jederzeit reagieren
- ✓ Ab einem kleinen Betrag investierbar
- ✓ Aktien bieten für fast jeden Risikotypen das entsprechende Produkt an (ETF, Einzelaktie, REITs, Hebelzertifikate)
- ✓ Einfach zu bedienen
- ✓ Investitionen könne aufgeteilt und gestreut, und somit das Risiko verringert werden
- ✓ Passives Einkommen kann durch Dividenden generiert werden
- ✓ Große Auswahl an verschiedenen Unternehmen, Branchen und Indexe

<u>Nachteile</u>

- ✓ Totalverluste bei risikoreichem Investment möglich
- ✓ Man benötigt je nach Investitionsstrategie viel Hintergrundwissen, Analysen sind zwingend notwendig bei einem Einzelaktieninvestment
- ✓ Keine Steuervorteile. Steuerlast bleibt immer gleich nach dem Freibetrag von 801 EUR
- ✓ Der Aktienmarkt ist je nach Produkt oder Unternehmen schwankungsintensiv
- ✓ Aktieninvestments werden häufig emotionalisiert → Panikverkäufe

*Je mehr man verdient, desto mehr gibt man aus. Deshalb macht Geld dich nie reich – dein Geld anzulegen macht dich reich.*

Robert Kyosaki
(Investor, Autor)

# Peer-to-Peer Kredite (P2P)

### Was ist das?

Einfach gesagt, Sie beleihen Ihr Geld über eine Plattform an eine andere natürliche oder juristische Person. Dafür erhalten Sie regelmäßige Zinserträge. Dabei kümmert sich die Plattform um die Abwicklung der Kreditvergabe und steht je nachdem, um welchen Kredit es sich handelt, auch für die Risiken der Kreditvergabe ein.

### Warum P2P?

P2P Kredite sind eine gute Anlagemöglichkeit, um regelmäßig Einnahmen durch Zinsen zu generieren und um Ihr Portfolio vielfältiger zu gestalten. P2P Kredite haben – mit Ausnahme einer Wirtschaftskrise – keine große Korrelation zu den Aktien, Rohstoffen, Kryptowährungen oder dem Immobilienmarkt (außer Immobilienkredite). Zudem sind auf Ihr eingesetztes Kapital jährliche Zinserträge von bis zu 21% möglich.

### P2P Plattformen

<u>Mintos Deutschland GmbH</u>
*Mintos* ist einer der größten P2P Anbieter am Markt. Hauptsächlich werden von *Mintos* sogenannte Konsumkredite vergeben. Die Plattform bietet die Möglichkeit, mit drei verschiedenen, vorgegebenen Strategien die P2P Welt zu starten.

I. <u>Diversifiziert</u>
Breit gestreute Kredite, maximal 15% von einem Kreditnehmer
Durchschnittliche Rendite von 8,8%

II. <u>Konservativ</u>
Der Kreditnehmer hat die beste Portfolioqualität und den besten Risk-Score
Durchschnittliche Rendite von 8,6%

III. <u>Renditestark</u>
60% der Kredite mit dem höchsten Zinssatz auf der Plattform
Durchschnittliche Rendite von 9,45%

IV. Benutzerdefiniert (optional)
Sie können Ihre eigene Strategie erstellen. Allerdings ist Anfängern davon abzuraten. Mit dieser Strategie sind bis zu 21% Rendite pro Jahr möglich, man müsste jedoch in Hochrisikokredite investieren.

EstateGuru
Über diese Plattform können Sie in vielen europäischen Ländern ausschließlich in Immobilienkredite investieren u. a. in Estland, Lettland, Finnland und Deutschland. Dabei wird eine durchschnittliche Rendite von ca. 11% p. a. erzielt.

Auf *EstateGuru* finden Sie viele interessante Objekte, welche mit einem Entwicklungskredit, Überbrückungskredit oder Geschäftskredit finanziert werden können. Sie haben somit die Möglichkeit, ohne erworbenes Eigentum am Immobilienmarkt teilzunehmen.

Bondora
*Bondora* bietet mit ihrem *Go & Grow* Programm attraktive Anlagemöglichkeiten. Folgende Punkte beinhaltet das Programm:

- ✓ jährliche Rendite von 6,75%
- ✓ Zinsen werden täglich gutgeschrieben
- ✓ Schnelle Verfügbarkeit des investierten Kapital. Das Geld kann innerhalb von 1-2 Tagen abgehoben werden. Dies liegt daran, dass *Bondora* nur 85% Gesamtkapital in Kredite investiert und somit 15% immer liquide sind
- ✓ Breite Diversifikation in das gesamte Kreditportfolio
- ✓ Keine Verwaltungsgebühren, jedoch eine pauschale Auszahlungsgebühr von 1 EUR

## Ein Einblick auf die Risiken und Sicherheiten der P2P Branche

Die Risiken

- ✓ Der Kreditnehmer kann sein Geld nicht mehr zurückzahlen.
- ✓ Die Plattform kann wie jedes andere Unternehmen bankrottgehen.
- ✓ Bei jeder Plattform wird in der Regel die Bonität des Kunden eingeschätzt. Diese kann falsch eingeschätzt werden, sodass es zu Zahlungsunregelmäßigkeiten kommt.

Die Sicherheit

Allerdings gibt es Anbieter, die **besicherten Kredite** herausgeben, dort hat der Kreditnehmer eine Sicherheit hinterlegt, die im Falle der Zahlungsunfähigkeit gepfändet werden kann.

Weiterhin gibt es Anbieter, die dem Kreditgeber eine Rückkaufgarantie zusichern. Wenn es zu einer Zahlungsunfähigkeit des Kreditnehmers kommt, kauft der Anbieter den Kredit dem Kreditgeber zurück. Zudem machen die meisten Kreditunternehmen eine Bonitätsprüfung, die erfahrungsgemäß realistisch ist.

P2P Kredite sollten ganz klar in keinem Portfolio eine Übergewichtung haben. Sie eignen sich ideal, um das Portfolio weiter zu diversifizieren und stetig Zinseinnahmen und somit passiven Cashflow zu generieren. Persönlich habe ich ausschließlich gute Erfahrung mit dieser Anlageklasse gemacht, gleichwohl muss man sich den Risiken einer Kreditvergabe immer bewusst sein.

## P2P Empfehlung

Über diesen QR-Code kommen Sie zu meinem bevorzugten P2P Anbieter *Bondora.* Er kombiniert Transparents, Sicherheit, Verfügbarkeit und Rendite in einem guten Kompromiss miteinander.

## Zusammenfassung

Vorteile

- ✓ Zusätzliche Diversifikation (weitere Anlageklasse)
- ✓ Kein großer bürokratischer Aufwand
- ✓ Einfache Bedienung
- ✓ Sofort passives Einkommen
- ✓ Konstante Rendite durch Zinsen
- ✓ Je nach Anbieter moderate Risikostreuung
- ✓ Ab einem kleinen Betrag investierbar
- ✓ Kein Expertenwissen notwendig zum Investieren
- ✓ Je nach Anbieter können Sicherheiten in die Kredite implementiert werden

Nachteile

- ✓ Kann in Wirtschaftskrisen risikoreich sein
- ✓ Kreditausfälle möglich
- ✓ Je nach Anbieter ist ein Totalverlust möglich

*Ich denke, Bitcoin ist das erste verschlüsselte Geld, dass das Potenzial hat, etwas wie die Welt zu verändern.*

Peter Thiel
(Mitgründer von *PayPal*)

# Kryptowährungen

Wenn Sie in Kryptowährungen investieren wollen, sollten Sie sich im Klaren sein, dass dieses Investment hochspekulativ ist. Wenn Sie ein defensiver Anleger sind, sollten Sie dieses Investment meiden. Es wird bei Kryptowährungen oft von einem *bull run* (der Markt bewegt sich für einen längeren Zeitraum aufwärts) oder *bear run* (der Markt bewegt sich für einen längeren Zeitraum abwärts) gesprochen.

Häufig ist es im Kryptobereich so, dass der Markt für einen kurzen Zeitraum explodiert und Renditen bis zu 2000% möglich sind. Anschließend bricht er wieder zusammen. Falls Sie zum falschen Zeitpunkt investieren, können Sie bei einem kurzen Anlagehorizont starke Verluste erleiden. Der Markt kann über mehrere Monate oder sogar Jahre sehr weit unten liegen, bis sich dieser Zyklus wiederholt.

### Krypto und die Geldwäsche?

Kryptowährungen, Zahlungsmittel für Kriminelle. Dieses Image ist seit Langem veraltet, denn wenn man einmal die Identität hinter einer Wallet herausfindet, kann man alle Transaktionen der jeweiligen Person zurückverfolgen. Dies ist mit Bargeld kaum möglich. Überdies gibt es zahlreiche Abwicklungen, um es Verbrechern zu erschweren, Kryptowährungen für ihre Zwecke zu missbrauchen. Weiterhin finden Kryptowährungen immer mehr Anschluss im »Mainstream«, so investiert beispielsweise der Staatliche Pensionsfonds Norwegens in Bitcoin.

### Was sind Kryptowährungen?

Kryptowährungen sind digitale Vermögenswerte, mit denen ein Zahlungsverkehr zwischen zwei Personen ermöglicht wird. Dabei wird diese Interaktion mit Hilfe von kryptografischen Methoden, der **Blockchain-Technologie**, durchgeführt und verschlüsselt.

Diese Transaktionen finden dezentral statt, das bedeutet, keine Institution wie eine Bank oder eine Regierung kann darauf Einfluss nehmen. Es gibt also keine Zwischenstelle wie z. B. bei einer Überweisung mit *VISA*.

### Was ist die Blockchain-Technologie?

Übersetzt ist dies eine Kette aus Blöcken. Die Blockchain bildet ein dezentrales Computernetzwerk, welches die Transaktionsbewegungen in einer Art gemeinschaftlicher Buchhaltung aller Nutzer speichert. Bei jeder Transaktion wird ein neuer Block generiert und an die Kette bisheriger Transaktionen angehängt. Untereinander sind die einzelnen Blöcke kryptografisch verschlüsselt. Bei dem

Versuch, die Daten in den Blöcken unrechtmäßig zu verändern, wird dies von den zusammenhängenden Blöcken erkannt, als Betrugsversuch erfasst, und unterbunden. Somit gewährt die Blockchain ein hohes Maß an Sicherheit.

### Arten von Kryptosystemen

Die meistgenutzten Verfahrensweisen der Kryptowährungen sind momentan *Proof of Stake* (PoS) und *Proof of Work* (PoW).

Proof of Stake

Bezeichnet innerhalb der Blockchain ein Verfahren, bei dem ein Konsens (Übereinstimmung) erzielt wird. Dieser entscheidet, welcher Netzwerkteilnehmer den nächsten Block erstellt. Dabei wird eine »gewichtete« Zufallsauswahl eingesetzt, wobei die gewichteten Anteile der einzelnen Teilnehmer aus Teilnahmedauer und/oder Vermögen, also Höhe der gehaltenen jeweiligen Coins, ermittelt werden (»Stake«). Der Anleger bekommt durch diesen Prozess Coins gutgeschrieben.

Wer mehrere Währungen vom Kryptovermögenswert hält, wird eher dafür ausgewählt, einen neuen Block zu erzeugen. Viele Anleger legen in sogenannte »Stakingpools« ihre Coins zusammen, um die Chance zu erhöhen, einen neuen Block zu erzeugen. Auf vielen Kryptobörsen kann man allerdings ganz einfach seine Coins »staken«, indem man im Interface die entsprechende Option auswählt.

Proof of Work

*Proof of Work* ist genauso wie *Proof of Stake* ein Konsensmechanismus bei dem aber, anders als bei PoS, dem Teilnehmer (»Miner«) eine komplexe Aufgabe von der Blockchain gestellt wird, die er mit Hilfe von Rechenleistung in Form von Hardware löst. Wer diese Aufgabe zuerst löst, hängt einen neuen Block an die Blockchain und erhält dafür eine Belohnung in Form der jeweiligen Kryptowährung.

## Wo kann ich Kryptowährungen kaufen?

Einige Anbieter für Kryptowährungen sind:

- ✓ Coinbase
- ✓ Bison
- ✓ Kraken
- ✓ Binance

**Wie fangen Sie an, in Kryptowährungen zu investieren?**
Zuallererst sollten Sie sich wie sonst auch mit dem Markt vertraut machen. Suchen Sie sich dazu drei Kryptowährungen aus und informieren Sie sich über diese Projekte. Auf der Webseite *www.coinmarketcap.com* können Sie sich einen guten Überblick verschaffen.

Es gibt mittlerweile über 11.000 verschiedene Kryptowährungen. Wie die Vergangenheit gezeigt hat, werden höchstwahrscheinlich 60% die nächsten fünf bis zehn Jahre nicht überstehen. So wurden oft neue Projekte herausgebracht, Gelder eingesammelt und dann wieder »in den Boden gestampft«. Um zu verhindern, dass Ihnen dies passiert, sollten Sie sich die jeweilige Kryptowährung genau anschauen. Folgende Fragen sollten Sie sich beantworten:

<u>1. Ist diese Kryptowährung nützlich? Löst sie ein Problem, vereinfacht sie Abläufe, etc.?</u>
Nur wenn eine Währung ein Problem löst, kann sie sich über längere Zeit halten und von Investoren unterstützt werden.

<u>2. Hat die Währung ein Alleinstellungsmerkmal?</u>
Wenn Sie in eine Kryptowährung investieren, die unbekannt ist und ein Thema behandelt, welches schon von anderen bekannteren Kryptowährungen angegangen wird, dann wird Ihr Investment höchstwahrscheinlich nach einigen Jahren nichts mehr wert sein.

<u>3. Wer ist der Erfinder/das Entwicklerteam dieser Währung? Hat er/das Team Erfahrung damit?</u>
Nur wenn das Entwicklerteam hinter der Währung vertrauenswürdig ist, sollte man in das jeweilige Projekt investieren.

<u>4. Verstehen Sie die Kryptowährung?</u>
Investieren Sie nur in etwas, das Sie verstehen, und hören Sie nicht auf »geheime Tipps«.

<u>5. Wie lange ist die Währung auf dem Markt?</u>
Je länger sich eine Währung auf dem Markt befindet und mit relativ stabilen Kursen glänzen kann, desto besser sind auch ihre Zukunftsaussichten.

6. Wie groß ist die Marktkapitalisierung?
Projekte mit einer hohen Marktkapitalisierung sind in der Regel sicherer als Projekte mit einer niedrigen Marktkapitalisierung. Rendite und Schwankungen in beide Richtungen sind höher, je niedriger die Marktkapitalisierung ist.

7. Wie sieht der Chart aus?
Was waren die Hochphasen, was waren die Tiefphasen? Wo steht der Kurs jetzt?

8. Die Zukunft
Stehen Ereignisse in der Zukunft an, die den Kurs beeinflussen könnten?

9. Technische Analyse
Sie können bei Ihrer Investmententscheidung im Kryptomarkt auch die Tools der technischen Analyse nutzen, welche bereits im Kapitel »Aktien« vorgestellt wurden.

## Die zwei größten Kryptowährungen genauer vorgestellt

### Bitcoin

Die wohl größte und älteste Kryptowährung auf dem Markt ist der Bitcoin. Er wurde von einer unbekannten Person oder Organisation mit dem Pseudonym *Satoshi Nakamoto* im Jahr 2007 gegründet. Er funktioniert mit dem *Proof of Work*-System und ist in begrenzter Stückzahl vorhanden. So kann es nicht mehr als 21.000.000 Bitcoins auf der Welt geben.

Vorteil
Bitcoin erfreut sich an höchster Bekanntheit und bietet durch den PoW höchste Sicherheit aller Transaktionen. Weiterhin ist der Bitcoin an keine Bankinstitution gebunden und kann jederzeit auf eine Hardware Wallet (nicht am Internet angeschlossenes Speichermedium) transferiert und gelagert werden – es ist also 100% dezentral. Keine Bank oder Regierung kann ihn abschalten oder manipulieren. Zudem kann der Bitcoin zu jeder Zeit weltweit innerhalb weniger Sekunden auf eine andere Wallet transferiert werden.

Die Anonymität des Erstellers schafft eine weitere Sicherheit, da niemand von Regierungen oder Institutionen verantwortlich gemacht werden kann.

Der Inflationsschutz des Bitcoins ist so programmiert, dass es nicht mehr als 21.000.000 BTC geben kann, somit gibt es bei Bitcoin keine Inflation. Alle vier Jahre wird die Schnelligkeit, mit der ein Bitcoin-Block gemined wird, halbiert

(*Halving*). Somit wird über die Zeit tendenziell jeder einzelne Bitcoin wertvoller, da es langwieriger wird, einen Bitcoin zu minen.

Wie bereits am Anfang des Buches erwähnt, ist eine Währung nur so stark, wie sie von uns als Wertspeicher genutzt wird. Da Bitcoin die oben genannten Aspekte miteinander vereint, wurde er über die Jahre immer wertvoller. So halten heutzutage Firmen wie *Tesla* oder *Square* große Summen an Bitcoin.

Nachteil

Leider ist diese Kryptowährung im Vergleich zu neueren Währungen langsam, so schafft Bitcoin nur circa sieben Zahlungen pro Sekunde: Andere Währungen wie *Ripple* schaffen dagegen 1.500 Transaktionen pro Sekunde. Der Bitcoin hat wie jede andere Kryptowährung zudem starke Kursschwankungen. So stieg der Bitcoin innerhalb eines Jahres um 1000%.

*Satoshi Nakomoto* hält eine riesige Menge an BTC und hat diese noch nie bewegt. Viele sind der Auffassung, dass diese Person tot ist. Wenn er allerdings alle BTC auf einmal verkaufen würde, würde der Markt einbrechen. Das gleiche Problem besteht bei dem sogenannten »Whales« (Wale). Dies sind Personen oder Institutionen, die über einen riesigen Bestand an BTC verfügen. Würden sich mehrere »Whales« absprechen und ihre Bestände gleichzeitig verkaufen, würde dies zu einem starken Kurseinbruch führen.

Einige Länder versuchen Bitcoin zu regulieren oder zu verbieten. So hat China zuletzt das Bitcoin-Minen verboten, was zu dem erwarteten Kurssturz geführt hat. Weiterhin ist der Handel von BTC in der Türkei, Iran und Indien verboten. Natürlich kann trotz eines Verbots BTC auf einer Hardware Wallet gehalten werden, allerdings möchte man sich nicht ausmalen, welche Strafen einen blühen, wenn man in diesen Ländern damit erwischt wird.

Das Bitcoin-Netzwerk hat einen enormen Stromverbrauch. So betrug der Gesamtverbrauch des Netzwerks im letzten Jahr den Stromverbrauch der Niederlande.

### Ether

Nach Bitcoin ist Ether die zweitgrößte Kryptowährung der Welt. Ether ist das Zahlungsmittel – der »Treibstoff« – im Ethereum-Netzwerk. Dies ist eine *Smart Contract*-Plattform (Intelligente Verträge) auf der sog. D'Apps (dezentrale Applikation) erstellt werden können. Tausende von Computer überprüfen und bestätigen den aktuellen Zustand des Netzwerks stetig und gleichzeitig.

Bei Ethereum werden neben Zahlungen auch die Programmcodes der Apps in der Ethereum-Blockchain gespeichert. Entwickler haben mit Hilfe des Netzwerks die Möglichkeit, ihre eigene Kryptowährung zu erstellen und weiterzuentwickeln. Momentan wird Ethereum von *Proof of Work* auf *Proof of Stake* umgestellt, um das Ethereum-Netzwerk energieeffizienter, schneller und kostengünstiger zu machen.

Vorteil

Ethereum bietet anders als Bitcoin den Nutzern eine Art Plattform an, auf der sie ihre eigenen D'Apps erstellen können. Wenn Ethereum von PoW auf PoS umgestellt wird, könnte man passiv mit dieser Kryptowährung Geld verdienen, indem man mit den Coins Staking betreibt.

Ethereum ist jung in der Entwicklung und zeigt für die Zukunft viel Potenzial. So gibt es keine Kryptowährung, an der so viele Entwickler gleichzeitig arbeiten. Es verbrennt nach der Umstellung von PoW auf PoS stetig Ether. Somit wird auf lange Sicht immer weniger Ether im Umlauf sein. Damit wird Ethereum deflationär.

Nachteil

Wie alle Kryptowährungen ist der Kurs stark schwankend. Einige D'Apps wurden in den letzten Jahren von Hackern angegriffen, dabei wurden mehrere Millionen Euro erbeutet.

*Vitalik Buterin* ist der Entwickler Ethereums. Er ist ein Informatikgenie, aber erst siebenundzwanzig Jahre alt. Falls er aus irgendeinem Grund ausfallen sollte, könnte der Ethereum-Kurs stark einbrechen.

## Der Kryptomarkt

Lassen Sie sich nicht von dem vermeintlich günstigen Preis einiger Währungen täuschen. Das liegt daran, dass es diese Währung auch in erheblicher Stückzahl gibt. Die Marktkapitalisierung (*Market Cap*) entscheidet darüber, wie viel Kapital sich in der Währung befindet. Damit sich Ihr angelegtes Kapital in einer Währung verdoppelt, muss sich die Marktkapitalisierung ebenfalls verdoppeln.

Dies geht logischerweise schneller, wenn die Marktkapitalisierung geringer ist. Kryptowährungen mit niedriger Marktkapitalisierung weisen leider auch größere Kursschwankungen auf. Jede Kryptowährung hat andere Ziele und Lösungsmöglichkeiten, investieren Sie erst, wenn Sie wissen, in was Sie investieren und wofür die jeweilige Währung steht.

Die 10 größten Kryptowährungen

| Name | Preis in EUR | Coins im Umlauf |
|---|---|---|
| 1. Bitcoin | 27.700 | 18.756.487 |
| 2. Ethereum | 1.687 | 116.693.198 |
| 3. Tether | 0.845 | 62.085.422.762 |
| 4. Binance Coin | 261 | 153.432.987 |
| 5. Cardano | 1.07 | 32.041.069.499 |
| 6. XRP | 0.52 | 46.216.687.135 |
| 7. USD Coin | 0.84 | 26.589.137.945 |
| 8. Dogecoin | 0.16 | 130.439.614.959 |
| 9. Polkadot | 11.73 | 975.292.694 |
| 10. Uniswap | 15.17 | 587.300.093 |

Stand Juli 2021

## Fünf einfache Investitionsstrategien

Bei allen folgenden Strategien ist es empfehlenswert, seine Kryptoinvestition in mehrere Projekte aufzuteilen, um das Verlustrisiko zu streuen. So kann man je nach Belieben Small Caps (niedrige Marktkapitalisierung), Mid Caps (mittlere Marktkapitalisierung) und Large Caps (große Marktkapitalisierung) miteinander vermischen.

Zum Beispiel:

- ✓ 50 % Bitcoin/Ethereum (Large Cap)
- ✓ 25 % Cardano (Mid Cap)
- ✓ 25 % IOTA (Small Cap)

1. Pullback Strategie
Dies ist dieselbe Strategie, die Ihnen beim Thema Aktien vorgestellt wurde. Sie verfolgen stetig den Markt und kaufen die Rücksetzer der jeweiligen Währung (*Dips*). Wichtig dabei ist, nur dann zu kaufen, wenn sich nicht fundamental an der Währung etwas zum Negativen geändert hat, sondern wenn der Markt allgemein einen Rücksetzer macht. Wenn Sie einen Rücksetzer kaufen, dann setzen Sie maximal 50% Ihres vorgesehenen Kryptokapitals ein.

Sollten weitere Rücksetzer folgen, können Sie so mit den restlichen 50% in einer oder mehreren Tranchen weiterhin günstig nachkaufen. Setzen Sie sich ein Kurslimit, an dem Sie die jeweilige Währung wieder gewinnbringend verkaufen. Dazu können Sie erneut u. a. die im Kapitel »Aktien« beschriebenen Tools der technischen Analyse nutzen.

2. Sparplan Strategie
Wenn Sie längerfristig und emotionslos in eine Kryptowährung investieren wollen, dann richten Sie sich einen Sparplan ein. So profitieren Sie vom bereits erklärten Cost-Average-Effekt (Durchschnittskosten-Effekt).

Dies ist allerdings nur in Large Caps wie Bitcoin oder Ethereum zu empfehlen, da Mid- und Small Caps schnell an Wert verlieren könnten und für anhaltende Investments nicht geeignet sind.

3. Take Profit Strategie
Hierbei versuchen Sie schnellstmöglich Ihr eingesetztes Kapital nach einem starken Kursanstieg herauszuziehen, den Gewinn lassen Sie weiterlaufen. Sie können dann eine Niedrigkursphase abwarten und Ihr eingesetztes Kapital erneut in eine andere Währung investieren und den Vorgang beliebig wiederholen.
Beispiel: Sie investieren 1000 EUR in den XY Coin in einer Niedrigkursphase. Der XY Coin steigt nun innerhalb weniger Wochen um 100%. Sie haben nun XY Coin im Wert von 2000 EUR. Ziehen Sie Ihr eingesetztes Kapital (1000 EUR) heraus. Damit warten Sie ab, bis eine Niedrigkursphase eintritt, um ein weiteres Mal zu investieren. Die 1000 EUR des XY Coin lassen Sie nach Belieben in Ihrem Depot.

4. Passive Cashflow Strategie
Auf Börsen wie *Kraken*, *Coinbase* und *Binance* können Sie Ihre Kryptowährungen beleihen oder für das Staking einsetzen. Sie erhalten dafür Gutschriften in Höhe von 2%-21% p. a. Dabei müssen Sie nicht aktiv handeln und können sich entspannt zurücklehnen.

Folgende Währungen können sich dafür eignen:

- ✓ Ethereum
- ✓ Binance Coin
- ✓ Polkadot
- ✓ Cardano
- ✓ Cosmos
- ✓ Solana
- ✓ Algorand
- ✓ KAVA
- ✓ Tezos

5. Buy and Hold
Die wohl einfachste und emotionsloseste Strategie. Sie kaufen je nach Belieben fundamentale, gute Kryptoprojekte und halten diese für einen langen Zeitraum.

Sie können auch alle der oben genannten Strategien miteinander kombinieren. **Achtung, Steuern!** Wenn Sie eine Strategie verfolgen und den jeweiligen Coin unter einem Jahr Haltefrist mit Gewinn verkaufen, fallen ggf. Steuern an. Wenn der Gewinn niedriger als 600 EUR pro Jahr ist, fällt dies in den Freibetrag.

Für weitere Informationen konsultieren Sie einen Steuerberater. Alle Angaben ohne Gewähr.

## Kryptobörsen Empfehlung

Ich nutze die größte und meiner Meinung nach auch seriöseste Krypto-Börse *Coinbase*. Über diesen QR-Code können Sie sich dort anmelden. Diese Börse hat ein großes Angebot von allen möglichen Kryptowährungen, ist übersichtlich und einfach zu verstehen.

Außerdem bekommen Sie bis zu 20 EUR geschenkt, dafür, dass Sie etwas über Kryptowährungen lernen und weitere 8 EUR in Bitcoin, wenn Sie sich über diesen Code anmelden.

## Zusammenfassung

Vorteile

- ✓ Großes Zukunftspotenzial
- ✓ Enorme Kursgewinne möglich
- ✓ Es gibt tausend verschiedene Währungen
- ✓ Jederzeit handelbar
- ✓ Einfach zu kaufen und verkaufen
- ✓ Einfacher Zugriff auf Kryptowährungen per Internet
- ✓ Unabhängig von Zentralbanken und Staaten
- ✓ Kryptowährungen bieten ein hohes Maß an Anonymität
- ✓ Passives Einkommen möglich durch Staking und Lending

Nachteile

- ✓ Extrem große Kursschwankungen können zu Panikverkäufen führen
- ✓ Es gibt viele Kryptoprojekte, einige davon sind Betrug oder finden in der Zukunft kaum Anwendung und werden in den nächsten Jahren scheitern
- ✓ Kryptowährungen werden von den Notenbanken sehr kritisch angesehen. In der Zukunft kann es zu starken Regulierungen kommen
- ✓ Der Kryptomarkt kann einfach manipuliert werden – man betrachte die *Tweets* von Elon Musk und deren Auswirkungen.
- ✓ Es sind ausschließlich elektronische Zahlungen möglich, physische Kryptowährungen gibt es nicht

*Warten Sie nicht mit dem Kauf von Immobilien. Kaufen Sie eine Immobilie und warten Sie.*

Will Rogers
(Schauspieler, Autor)

# Immobilien

Immobilien, von vielen auch Betongold genannt, sind seit Jahrzehnten eine solide Geldanlage und in Zeiten der Niedrigzinspolitik eine lukrative Möglichkeit, sein Geld sicher, langfristig und renditestark anzulegen.

## Warum Immobilien?

Immobilien bieten einen sogenannten Hebeleffekt. Sie setzen eine Summe X an Eigenkapital ein und kriegen dafür eine Summe Y von der Bank gestellt. Somit können Sie größere Geldsummen bewegen und demnach größere Renditen erzielen. Wenn Ihre eingesetzte Summe 10.000 EUR beträgt und Ihr Immobilienwert bei 100.000 EUR liegt, dieses Objekt einen Wertzuwachs von 30% bekommt, dann haben Sie die dreifache Summe Ihres eingesetzten Eigenkapitals (10.000 EUR) an Wertsteigerung erzielt.

Ein weiterer positiver Effekt bei der Immobilienfinanzierung ist die Inflation. Sie fragen sich bestimmt, warum denn Inflation? Während beim Bargeld die Inflation gegen Sie arbeitet und Ihr Geld immer weniger Kaufkraft bekommt, ist dies bei einer Immobilie genau andersrum, denn Schulden profitieren von der Inflation.

Wenn Sie beispielsweise Immobilienschulden von 100.000 EUR haben und es eine Inflation von ca. 3% gibt, dann sind Ihre Schulden nach 10 Jahren, was die Kaufkraft des Geldes angeht, ganze 30% weniger Wert. Zudem hat die Geschichte bewiesen, dass Immobilien in guten Lagen auch in schlechten Wirtschaftszeiten einen guten Wertzuwachs bieten und eine stabile Anlage sind.

## Die richtige Immobilie finden

Immobilien kosten deutlich mehr, sobald sie auf eine Onlineplattform gestellt werden. Das hat zum einen den Grund, dass ein Makler involviert ist, welcher die Maklerprovision erhalten möchte. Zum anderen, weil der Verkäufer viele weitere Vergleichsobjekte hat.

Möglichkeiten, um an gute Immobiliendeals zu kommen

| **On Market**<br>(auf einer Internetplattform) | **Off Market**<br>(auf keiner Plattform, sondern in Personenkreisen) |
|---|---|
| Immobilien Scout24<br>planethome<br>immonet<br>immobilo | Scheidungsanwälte<br>Insolvenzverwalter<br>Friseure<br>Handwerker<br>Hausmeister<br>Bekanntenkreis<br>Apotheken<br>Aushänge in Supermärkten |

## Wo investieren?

Lage, Lage, Lage ... So heißt es oftmals noch an vielen Stammtischen. Die Erfahrung gibt diesem Slogan recht. Allerdings wollen wir wissen, wo es in Zukunft hingeht und nicht, wie es in der Vergangenheit war – so kann das leider niemand zu 100% beantworten.

Klar ist: Wohnungen in der Innenstadt werden immer wertstabil bleiben, allerdings geht der Trend durch das immer zunehmende »Home-Office« ins Umland von Großstädten. So profitieren die Mieter/Eigentümer von den Vorteilen einer Großstadt, haben allerdings auch die Natur vor der Haustür. Um einen geeigneten Standort zu finden, nehmen Sie die Landeshauptstädte unter die Lupe und vergleichen Sie die Preise der Innenstadt mit dem Umland.

| | |
|---|---|
| Stuttgart | Hannover |
| München | Düsseldorf |
| Berlin | Mainz |
| Potsdam | Saarbrücken |
| Bremen | Dresden |
| Hamburg | Magdeburg |
| Wiesbaden | Kiel |
| Schwerin | Erfurt |

Wichtig ist, stetig den Markt im Auge zu behalten, wenn sich die Gelegenheit einer ertragreichen Investition bietet, schlagen Sie blitzschnell zu.

Wenn Sie eine wertstabile Immobilie als Kapitalanlage suchen, können Sie darüber hinaus nach Standorten forschen, die eine hohe wirtschaftliche Stärke aufweisen wie zum Beispiel Wolfsburg, Essen, Bonn, Nürnberg oder Düsseldorf.

Ein weiterer Ansatz könnte die Vermietung an Studenten oder Pendler sein. So eignen sich zum Beispiel als Studentenstädte neben den Hauptstädten (Zahl in Klammern gleich Anzahl der Universitäten): Heidelberg (13), Düsseldorf (24), Bochum (27), Mannheim (22).

## Investitionsmöglichkeiten

Eigennutzung

Bei dem Kauf einer Immobilie zur Eigennutzung sparen Sie sich die Mietkosten. Sie zahlen lediglich Tilgung und Zinsen an die Bank sowie das anfallende Hausgeld. So bauen Sie Schritt für Schritt Vermögen auf. Außerdem können Sie frei über das Objekt verfügen und müssen nicht Ihren Vermieter fragen.

Kapitalanlagen

Eine Immobile als Kapitalanlage »trägt« sich, wenn Sie es geschickt anstellen, durch den Mieter von selbst. Im besten Fall setzen Sie zu Beginn lediglich Ihr Eigenkapital ein. Durch das bilden von Rücklagen durch die Miete könnten sogar plötzlich anfallende Kosten (Reparaturen) bezahlt werden. So hätten Sie in der Theorie keine weiteren Kosten. Zusätzlich erhalten Sie bei einer entsprechenden Miete einen direkten Cashflow.

Kombinieren Sie beides

Sie können natürlich erst in einem Objekt wohnen und nach einiger Zeit dieses Objekt weitervermieten oder verkaufen. Beim Verkauf fällt nach drei Jahren Eigennutzung keine Spekulationssteuer mehr an. Den erzielten Gewinn könnten Sie optimal für die Anzahlung eines neuen Objektes nutzen.

Vermieter und WG-Mitbewohner zugleich

Der Kauf einer WG-fähigen Wohnung kann sich lohnen. So bietet sich beispielsweise an, eine drei-Zimmer Wohnung zu kaufen und zwei Zimmer jeweils an Ihre WG-Partner zu vermieten. In dem dritten Zimmer wohnen Sie selbst. So zahlen Sie keine Miete, können Vermieter-/Mieterangelegenheiten schnell und unbürokratisch klären. Ihr Kredit kann somit von Ihren WG-Partnern abbezahlt werden.

## Der Immobilienkauf

anhand eines Beispiels

- ✓ Kapitalanlage
- ✓ 2 Zimmer
- ✓ 40 Quadratmeter Wohnfläche
- ✓ Kaufpreis 100.000 EUR

**Beachten** Sie beim Kauf einer Immobilie immer die Kaufnebenkosten, diese Betragen ca. 10-15 % des Kaufpreises, variieren je nach Bundesland und setzen sich zusammen aus:

- ✓ Notargebühren
- ✓ Gerichtskosten (Eintragung Grundbuch)
- ✓ Grunderwerbssteuer
- ✓ Maklerprovision

<u>Kleine Wohnungen für den Start als Kapitalanlage</u>

Wenn Sie eine Wohnung als Kapitalanlage kaufen wollen, sollten Sie als Erstes mit einer kleinen Wohnung in guter Lage starten. Auf der einen Seite brauchen Sie zu Beginn nicht viel Eigenkapital, Sie verschulden sich somit nicht bis zu Ihrer Rente. Andererseits lassen sich gut gelegene kleine Wohnungen immer schnell vermieten. Weiterhin bleiben häufig die Mieter wie z. B. Studenten oder junge Menschen nicht allzu lange in diesen Wohnungen. Das bedeutet wiederum, dass Sie die Wohnung alle paar Jahre ausstattungsmäßig optimieren und ggf. die Miete anpassen können.

<u>Schnelles Filtern</u>

Wenn Sie auf der Immobiliensuche nach einer Kapitalanlage sind, hilft Ihnen folgende Berechnung, um interessante Objekte von uninteressanten Objekten zu trennen.

$$\text{Bruttomietrendite} = \frac{\text{Zu erwartende Kaltmiete pro Jahr}}{\text{Kaufpreis}} \times 100$$

Grundsätzlich sollte eine Eigentumswohnung mindestens eine Mietrendite von 5% aufweisen, um später die Tilgung, Zinsen und die weiteren Kosten zu decken. Falls dies vorliegt, können Sie auf eine tiefere Prüfung umsteigen.

Wenn die Mietrendite nicht auf Anhieb 5% beträgt, können Sie dieses Objekt natürlich dahingehend »entwickeln«. So können Sie die Rendite durch geschicktes Verhandeln oder durch die Mieteinnahmen etwas über den Kaufpreis anpassen.

Cashflow Berechnung

Für eine 40 Quadratmeterwohnung werden 10% der Kaufnebenkosten vom Eigenkapital des Käufers getragen. Der Rest wird über die Bank finanziert.

Um zu berechnen, ob sich ein Objekt als Kapitalanlage lohnt, wird folgende Berechnung aufgestellt.

| **Einnahmen jährlich** | **Ausgaben jährlich** |
|---|---|
| 5.000 EUR Mieteinnahmen' | **Rate an die Bank**<br>2% Tilgung von 100.000<br>= **2.000 EUR**<br><br>1,5 % Zinsen von 100.000<br>= **1.500 EUR**<br><br>**Bewirtschaftungskosten (Hausgeld)**<br>nicht umlagefähige Kosten 1,50 EUR pro Quadratmeter pro Monat (60 x 12)<br>= **720 EUR**<br><br>**Instandhaltungsrücklage**<br>1 EUR pro Quadratmeter pro Monat)<br>= **480 EUR** |
| **Total: 5.000 EUR** | **Total: 4.700 EUR**<br>**= Überschuss von 300 EUR (vor Steuern)** |

Hausgeld
Dies ist der Betrag, den Sie an die Hausverwaltung monatlich zahlen. Das Hausgeld setzt sich aus umlagefähigen und nicht umlagefähigen Kosten zusammen. So können umlagefähige Kosten auf den Mieter übertragen werden, nicht umlagefähige Kosten muss der Eigentümer selbst zahlen.

Instandhaltungsrücklagen
Sind wichtig, um unvorhersehbare Kosten durch z. B. Reparatur mit einzukalkulieren. Daher ist es von Vorteil, diese gleich in die Berechnung mit einzubeziehen.

Eigenkapitalrendite
Diese Rechnung zeigt Ihnen, wie viel »Rendite« Sie auf Ihr eingesetztes Kapital pro Jahr bekommen. Dabei wird die Tilgung als Rendite verstanden.

$$\frac{\text{Tilgung (Bsp.: 2000 EUR)}}{\text{Eigenkapital (Bsp.: 10.000 EUR)}} \times 100 = 20\%$$

Somit haben Sie pro Jahr eine Eigenkapitalrendite von 20%. Das heißt, dass Sie nach fünf Jahren Ihr eingesetztes Kapital allein durch die Tilgung wieder ausgeglichen haben.

## Die Besichtigung

Darauf sollten Sie achten: Bevor Sie mit der Besichtigung beginnen, machen Sie einen Banktermin bei Ihrer Hausbank aus.

Der Banktermin
Schildern Sie einem Bankangestellten Ihr Kaufbegehren (Immobilie als Kapitalanlage oder zur Eigennutzung). Im Anschluss wird dieser prüfen, ob Sie sich eine Finanzierung leisten können. Wenn Sie mehr als 2.000 EUR netto im Monat verdienen und keine hohen Schulden (SCHUFA) vorhanden sind, sollte dies in der Regel kein Problem sein.

Kommunizieren Sie dem Bankangestellten, dass Sie vor einer Besichtigung eine **unverbindliche Finanzierungsbestätigung** per E-Mail benötigen. Dies kann ein großer Pluspunkt bei einer Besichtigung sein. Wenn Sie einen Besichtigungstermin haben und Ihnen die Wohnung auf Anhieb gefällt, können Sie dem Makler sofort diese Finanzierungsbestätigung vorzeigen.

Sie können zu der ersten Immobilienbesichtigung eine fachkundige Person mitnehmen, z. B. jemanden, der selbst eine Immobilie besitzt. Dies ist bei der Erstbesichtigung nicht zwingend notwendig, allerdings sollten Sie spätestens bei der

Zweitbesichtigung jemanden mit Erfahrung mitnehmen. Vier Augen sehen nun mal mehr als zwei, auch aus Erfahrung könnte Ihre Begleitung Sie auf wichtige Aspekte aufmerksam machen, die Ihnen selbst nicht aufgefallen sind.

### Die eigentliche Besichtigung

Folgende Punkte sollten Sie bei einer Besichtigung auf jeden Fall im Blick haben.

1. Grunddaten
Wohnfläche, Zimmeranzahl, Keller, Parkmöglichkeiten, Aufzug, Garten/Balkon

2. Lage der Wohnung
Supermärkte, Verkehrsanbindung, Ärzte, Kindergärten, Schulen, Lärmfaktoren

3. Nachbarschaft
Spielplätze oder andere Lärmfaktoren, sozial schwache Gegend, Problemnachbarn

4. Zustand Außen
erster Eindruck, Fassade, Treppenhaus, trockener Keller, Zustand Dach

5. Zustand Innen
Boden, Küche, Bad, Elektrik, Heizung, feuchte Stellen

6. Raumaufteilung
WG-tauglich, Balkon, helle Räume, Garten

### Ihr Gebot

Geben Sie, nachdem Sie alle Bereiche der Wohnung gesehen haben, nun ein unverbindliches mündliches Preisangebot ab, wenn Ihnen die Wohnung gefällt. Dies zeigt Ihre Entschlossenheit. Seien Sie sich bewusst, dass begehrte Immobilien in guten Lagen von mehr als 50 Personen am Tag besichtigt werden können.

Wenn Sie gewiss eine Wohnung kaufen wollen, sollten Sie nicht lange verhandeln, sondern über den angegebenen Preis hinaus bieten. Natürlich können Sie, wenn Sie nicht allzu großes Interesse an der Wohnung haben oder diese starke Mängel aufweist, auch unter den angegebenen Kaufpreis bieten oder darauf spekulieren, dass es nicht viele Interessenten gibt.

## Die Kaufbestätigung

Wenn Sie Ihr Preisangebot abgegeben haben, der Verkäufer oder Makler sich bei Ihnen meldet und mit Ihrem Angebot einverstanden ist, vereinbaren Sie einen individuellen Besichtigungstermin. Nehmen Sie spätestens jetzt unbedingt eine fachkundige Person (z. B. einen Gutachter) mit und schauen Sie sich alles in Ruhe genau an. Fragen Sie höflich nach, ob Sie Fotos von dem Objekt machen dürfen, weisen Sie dabei ausdrücklich darauf hin, dass Sie ausschließlich der Kaufabwicklung dienen und datenschutzrechtlich behandelt werden. Dabei sollten Sie sensible Bereiche wie das Schlafzimmer nur mit ausdrücklicher Zustimmung fotografieren. Durch die Fotos haben Sie im Nachhinein einen guten Überblick über die Wohnung. Sie können sich alle Räume wiederholt anschauen.

## Die Wohnungsunterlagen

Lassen Sie sich folgende Unterlagen von Ihrem Makler oder Verkäufer zusenden und prüfen Sie diese auf Herz und Nieren.

<u>Grundbuchauszug</u>
Hier finden Sie alle Eintragungen im Grundbuch. Sie sehen hier beispielsweise den Eigentümer, Nießbraucheinträge, Grundschuld, Erbpacht, Denkmalschutz etc.

<u>Lageplan</u>
Zeigt die maßstäbliche Aufsicht des Gebäudes. Der Lageplan setzt sich zudem aus einem schriftlichen und gezeichneten Teil zusammen.

<u>Teilungserklärung</u>
Zeigt auf, welches Wohneigentum mit wie vielen Eigentumsteilen belegt ist und wie das Gesamtgebäude aufgeteilt ist. Daraus berechnen sich oftmals anfallende Kosten.

<u>Protokolle der letzten drei Eigentümerversammlungen</u>
Hieraus können Sie entnehmen, ob bestimmte Reparaturen anstehen, ob es Probleme gibt, die in nächster Zeit Kosten verursachen und was im Allgemeinen reibungslos oder kompliziert im Wohngebäude läuft.

<u>Wirtschaftsplan</u>
Gibt Ihnen Auskunft über Einnahmen und Ausgaben der Eigentümergemeinschaft wie z. B. die Instandhaltungsrücklage.

Energieausweis
Zeigt die Energieeffizienz des Gebäudes auf. Somit können anfallende Energiekosten abgeschätzt werden.

Mietvertrag
Hieraus entnehmen Sie alle mietrelevanten Daten.

Wohnflächenberechnung
Stellt dar, mit welcher Größe der jeweilige Raum bemessen ist.

Prüfen Sie die Unterlagen nicht allein, sondern holen Sie sich zusätzliche Hilfe von einem Fachmann, der Sie dahingehend berät. Dies kann u. a. wieder ein Bekannter oder ein Gutachter sein, der bei der Besichtigung anwesend war. Jetzt ist eine genaue Prüfung notwendig, um eventuelle wertmindernde Faktoren zu erkennen, die Ihnen der Makler vorenthalten haben könnte.

Falls Ihnen solche Faktoren auffallen, kontaktieren Sie den Makler und konfrontieren Sie Ihn höflich damit. Dann können Sie den Preis neu verhandeln.

### Den Zinssatz optimieren

Der Zinssatz ist enorm wichtig, er entscheidet wie rentabel Ihre Immobilie wirklich wird. Daher sollten Sie hier nicht das erstbeste Angebot wahrnehmen.

Nehmen Sie Kontakt mit verschiedenen Banken auf. Lassen Sie sich Angebote mit verschiedener Zinsbindung, Eigenkapitaleinsatz und Laufzeit geben. Vergleichen Sie diese Angebote.

Dabei sollten Sie bedenken, dass der Zins neben dem Kaufpreis die größte Stellschraube beim Immobilieninvestment ist. Also versuchen Sie, diesen weitgehend zu optimieren (niedrig zu halten). Dabei sollten Sie die Zinsbindung nicht aus dem Auge lassen. Wir wissen nicht, wie lange die Niedrigzinspolitik der Europäischen Zentralbank noch anhält und sollten uns diese für mindestens fünfzehn Jahre sichern.

Machen Sie sich Folgendes bewusst: Bis zum jetzigen Zeitpunkt haben Sie weder dem Verkäufer noch der Bank eine Zusammenarbeit schriftlich oder rechtlich bestätigt. Das heißt, Sie sind nach wie vor flexibel in Ihren Entscheidungen. Trotzdem sollten Sie sich zu diesem Zeitpunkt sicher sein, die Immobilie kaufen zu wollen. Wenn Sie eine mündliche Zusage geben, sollten Sie diese auch einhalten.

Denken Sie daran, dass der Markt doch recht klein ist und Zuverlässigkeit einen hohen Stellenwert hat. Falls Sie einen Makler durch Unzuverlässigkeit verärgern, landen Sie sehr schnell auf der umgangssprachlichen »schwarzen Liste«. Ihnen wird von den Immobilienunternehmen keine Aufmerksamkeit mehr geschenkt.

### Der Notartermin

Wenn die Kaufentscheidung steht, müssen Sie den Kaufvertrag notariell beurkunden. Kontaktieren Sie einen Notar Ihrer Wahl. Wenn Sie während den rechtlichen Abläufen des Immobilienkaufes noch Fragen haben, ist der Notar Ihr Ansprechpartner. Im weiteren Verlauf wird dieser einige Daten des Käufers, Verkäufers und des Mietobjektes benötigen. Diese wird er zu gegebener Zeit von Ihnen anfordern.

Wenn Sie den Kaufvertrag notariell beurkundet haben, die Eintragungen im Grundbuch getätigt und der Kaufpreis gezahlt wurde, gehört die Immobilie nun Ihnen. Herzlichen Glückwunsch!

## Alternative Formen des Immobilieninvestments

Kurzzeitvermietung

Mit der Kurzzeitvermietung können Sie überdurchschnittliche Renditen erwirtschaften. Dazu können Sie als Immobilienbesitzer die Wohnung möbliert vermieten und weitere Dinge wie kostenloses WLAN oder *Netflix* sowie Wäscheservice anbieten. Durch eine Kurzzeitvermietung können Sie 100% mehr Miete einnehmen als durch Langzeitvermietung. Allerdings ist dies sehr zeitaufwendig und es sollte im Einzelfall geklärt werden, ob ein Gewerbe angemeldet werden muss.

Wenn Sie sich keine eigene Immobilie leisten können und zur Miete wohnen, dann können Sie mit Einverständnis Ihres Vermieters Ihre Wohnung oder Teile dieser untervermieten z. B. über *Airbnb* oder anderen Plattformen.

Fix and Flip

Diese Art von Immobilieninvestition ist für Profis. *Fix and Flip* beschäftigt sich damit, renovierungsbedürftige Wohnungen günstig einzukaufen, diese zu renovieren und dann mit Gewinn weiterzuverkaufen.

Investieren in REITs

Wie schon im Abschnitt Aktien vorgestellt, bieten REITs eine wunderbare Möglichkeit, mit kleinen Beträgen am Immobilienmarkt zu partizipieren.

## Zusammenfassung

Vorteile

- ✓ Großer Hebeleffekt durch das geliehene Kapital
- ✓ Panikverkauf praktisch unmöglich. Ankauf/Verkauf wäre zu aufwändig
- ✓ Bei guter Lage bleibt das Objekt höchstwahrscheinlich wertstabil
- ✓ Kaum weiteres Eigenkapital einbringen, wenn die Immobilie als Kapitalanlage genutzt wird. Im Optimalfall zahlt der Mieter durch seine Miete das Objekt für den Vermieter ab
- ✓ Steuervorteil durch Abschreibungen
- ✓ Inflation mindert die Schulden
- ✓ Solide Altersvorsorge. Mieteinnahmen können die Rente aufbessern
- ✓ Objekte könne als Sicherheit für weitere Kredite dienen
- ✓ Es gibt keinen offiziellen Markt, der einheitliche Preise vorgibt. Durch die richtigen Kontakte können Sie preiswert einkaufen
- ✓ Totalverlust sehr unwahrscheinlich

Nachteile

- ✓ Immobilien sind mit Verbindlichkeiten über Jahrzehnte verbunden
- ✓ Kann viel Aufwand mit sich bringen, wenn große Reparaturen anstehen
- ✓ Naturkatastrophen können zum Totalverlust führen
- ✓ Steuer auf Gewinn bei Verkauf: Spekulationsfrist von zehn Jahren auf Veräußerungsgewinne bei Kapitalanalagen
- ✓ Zinsrisiko, wenn die Niedrigzinsphase aufhören sollte
- ✓ Hohe Nebenkosten, 10%-15% vom Kaufpreis
- ✓ Unbeweglich, falls der Standort unattraktiv wird, beeinflusst dies den Preis enorm

*Gold und Silber besitzen einen inneren Wert, der nicht willkürlich ist. Er hängt ab von der Knappheit, der Menge an Arbeit, die deren Beschaffung gewidmet wird, und er liegt im Wert des Kapitals, das in den Minen steckt, die sie hervorbringen.*

David Ricardo
(Wirtschaftswissenschaftler, britischer Ökonom)

# Gold

Gold dient seit Jahrhunderten als Wertspeicher, Zahlungsmittel und Schmuckaccessoire. Es ist extrem widerstandsfähig und kann in jedem Land der Welt gegen Güter oder der jeweiligen Währung eingetauscht werden.

Das besondere an Gold ist dabei ganz klar dessen Begrenzt- und Begehrtheit, so lagert jede Weltmacht in ihren Hochsicherheitstresoren Unmengen an Gold. Dabei ist die Menge an Gold auf der Erde begrenzt, im Vergleich zu anderen Gütern. Wenn man das gesamte existierende Gold stapeln würde, ergäbe es gerade mal die Größe eines mittelhohen Mehrfamilienhauses.

## Warum Gold?

Große Gewinne fährt man mit Gold nicht ein, es wirft auch keine Zinsen ab wie zum Beispiel Dividendenaktien, P2P Kredite oder die Mieteinnahmen von Immobilien. Daher halte ich Gold als Beimischung für sinnvoll, würde es persönlich aber nicht in meinem Portfolio übergewichten. Gold sollte in erster Linie als Wertspeicher gesehen werden.

In Anbetracht dessen, dass die Zentralbanken mehr Geld drucken und die Inflation steigt, ist Gold eine gute Ergänzung, um eine gewisse Wertstabilität in das Portfolio zu bringen. Überdies korreliert es nicht mit den Aktien und dem Immobilienmarkt, somit können Sie selbst in einer Wirtschaftskrise einen Käufer für physisches Gold finden.

Wie zuletzt die Coronakrise gezeigt hat, steigt der Wert von Gold drastisch, wenn die Wirtschaft schwankt. So eignen sich Goldreserven ideal, um in einer Krise diese Anlageklasse mit einer guten Rendite zu verkaufen (Gesamt- oder Teilverkäufe) und sich mit dem Gewinn beispielsweise günstig in den Aktienmarkt einzukaufen.

Falls man Gold kauft und es nach einem Jahr verkauft, zahlt man zudem auf die Gewinne keine Steuern. Sie können Ihr Gold auch jahrzehntelang halten und von der Wertstabilität profitieren.

## Wie kann man in Gold investieren?

<u>Physisches Gold</u>

Dies können Sie bei verschiedenen Unternehmen oder Banken erwerben. Sie können bei Ihrer *Sparkasse*, *Volksbank* oder bei der *Degussa Goldhandel GmbH* Gold kaufen.

Sie können Gold sogar bei manchen Banken und Unternehmen als Sparplan kaufen. Wenn Sie hingegen einen Einmalkauf tätigen wollen, empfehle ich Ihnen eher »größere« Mengen an Gold auf einmal zu kaufen. Sie zahlen dadurch prozentual zum Gesamtwert weniger Aufschlag. Ab einer Feinunze ist der Aufschlag deutlich geringer als beispielsweise ab einem Gramm. Dabei ist es wichtig zu beachten, das Gold nicht zu Hause zu lagern. Mieten Sie sich sichere Schließfächer an. Das vermindert das Einbruchsrisiko.

Ein zusätzlicher Tipp wäre, nicht nur pure Goldeinheiten zu kaufen, versuchen Sie, wenn möglich, sich auch Goldmünzen (Numismatik ab 18. Jhd.) mit historischem Wert zuzulegen. Diese sollten allerdings von offiziellen Händlern stammen und von keinen Hinterhofgeschäften. So kombinieren Sie Materialwert mit historischem Wert.

Gold ETC *(Exchange Traded Commodities)*

Dies sind Wertpapiere, welche von verschiedenen Börsen herausgegeben werden und den Goldpreis genau nachbilden. ETC-Anteile werden 100% mit echtem physischem Gold hinterlegt. Dieses können Sie sich zuliefern lassen. Allerdings gibt es bestimmte Mindestmengen, ab wann das Gold geliefert werden kann. So ist im deutschen Raum der Anbieter *EUWAX Gold* von der *Börse Stuttgart* und *XETRA-Gold* von der *Deutsche Börse Commodities GmbH* weit verbreitet.

Bei ETCs haben Sie grundsätzlich ein Emittentenrisiko, bei einer Insolvenz des Herausgebers ist Ihr investiertes Geld nicht gesichert.

Goldminenaktien

Bei Goldminenaktien profitieren Sie indirekt von den Goldpreisen. Das Besondere an diesem Goldinvestment ist, dass Sie je nach Unternehmen eine Dividende bekommen. Sie können somit am Goldmarkt teilhaben und noch eine Dividende kassieren. Wenn man es allerdings auf Dividenden abgesehen hat, würde ich von Goldminenaktien abraten, da eine Dividendenrendite von unter 2% sehr gering ist. Sie finden im Kapitel »Aktien« deutlich bessere Dividendenaktien.

Die drei größten Goldminenaktien:

1. Newmont Goldcorp
(WKN: 853823) - 1,74% Dividende p. a.

2. Barrick Gold
(WKN: 870450) - 1,49 % Dividende p. a.

3. Freeport-McMoRan
(WKN: 896476) - 0,00% Dividende p. a.

## Zusammenfassung

Vorteile

- ✓ Gold kaufen ist so einfach wie das Kaufen eines jeden anderen Handelsproduktes
- ✓ Gewinne durch Verkauf sind nach einem Jahr steuerfrei
- ✓ Die Schwankungen des Goldpreises sind gering
- ✓ Gold gilt seit Jahrzehnten als solider Wertspeicher, es dient als guter Inflationsschutz
- ✓ Es fällt keine Mehrwertsteuer an
- ✓ Stark limitiert
- ✓ Gilt als Krisenwährung und performt in Krisen gut
- ✓ Kein Totalverlust möglich

Nachteile

- ✓ Gold wirft keinen Cashflow wie Dividenden bei Aktien oder Mieteinnahmen bei Immobilien ab
- ✓ Kursgewinne sind bei Gold eher gering
- ✓ Die Lagerung von Gold kann zu Problemen führen. Entweder verursacht sie Kosten (Bankschließfach) oder Ihre häusliche Sicherheit (Lagerung zu Hause) ist beeinträchtigt
- ✓ Gold in kleinen Mengen zu kaufen, erfordert eine hohe Kaufgebühr und ist deshalb eher unprofitabel

# Das Paretoprinzip

*Vilfredo Pareto* war ein italienischer Ökonom, Soziologe, Ingenieur und Erfinder der **80-zu-20-Regel**. Diese Regel besagt, dass 80% des Gesamtergebnisses mit 20% des Gesamtaufwandes erzielt wird. Um die restlichen 20% des Ergebnisses zu erlangen, benötigt man hingegen die restlichen 80% des Gesamtaufwandes. Ob diese Theorie 1:1 in jedem Lebensbereich anwendbar ist, ist fraglich.

Allerdings habe ich die Erfahrung – was das Thema Geldanlage angeht – gemacht, dass ich oftmals bessere Renditen erwirtschafte, wenn ich nicht 110% meiner Energie in ein Investment stecke und versuche, mit viel Optimierung das Maximale herauszuholen.

Das Gleiche erging mir mit Immobilien. Wenn ich täglich nach der passenden Immobilie suchte, täglich die Rendite ausrechnete, wurde ich nicht fündig, sondern nur müde. Als ich dieses Verhaltensmuster ablegte, kam das passende Objekt von ganz allein auf mich zu.

## Anwendungsmöglichkeiten in der Geldanlage

Ich möchte Ihnen zeigen, wie Sie das Paretoprinzip auf die Themen Aktien, Kryptowährungen und Immobilien anwenden können. Es gibt einige Tools, die Sie dabei nutzen können und welche Ihnen viel Arbeit ersparen.

<u>Aktien und Kryptowährungen</u>

Bei Aktien und Kryptowährungen suchen Sie sich erst einmal nur insgesamt fünf Unternehmen oder Kryptowährungen heraus, in die Sie investieren möchten. Diese Unternehmen oder Kryptowährungen schauen Sie sich fundamental genau an. Dazu finden Sie im jeweiligen Kapitel die Anleitung für eine erste Analyse.

Sie erstellen sich eine Watchlist, diese können Sie in der Regel über die passende Handelsplattform einrichten, und stellen sich einen Kursalarm bei dem Kurs, der für Sie einen Kauf wert ist. Dies kann z. B. der Kurs 10-20 % unter dem *All Time High* (höchster bisheriger Kurs) sein.

Nun legen Sie Ihre Unterlagen weg und hören auf, sich mit Aktien oder Kryptowährungen auseinanderzusetzen. Wenn der Kursalarm ausgelöst wird, prüfen Sie durch kurze Internetrecherche nach, ob sich grundlegend etwas an der Aktie oder Kryptowährung geändert hat. Wenn dies nicht der Fall ist, kaufen Sie ganz emotionslos mit dem Wissen, dass Sie sich damit intensiv auseinandergesetzt und das Investment für gut befunden haben. Danach können Sie sich ein neues Unternehmen oder eine neue Kryptowährung auf die Watchlist setzen, sodass Sie wieder fünf Aktien/Kryptos verfolgen.

Immobilien

Bei Immobilien ist es ähnlich. Sie machen sich vorab klar, welche Immobilie Sie zu welchem Preis, in welcher Gegend, kaufen möchten. Wenn Sie dies wissen, müssen Sie nichts weiter tun, als beispielsweise bei *Immobilien Scout24* Ihre Wunschimmobilie als Suche abzuspeichern. Achten Sie darauf, dass Sie ins Detail gehen, wenn es um Ihre Wunschimmobilie geht, ansonsten bekommen Sie unnötige und vor allem unpassende Angebote zugeschickt.

Sie werden benachrichtigt, wenn ein neues Objekt auf den Markt kommt. Mit einem bereits vorgeschriebenen Text können Sie den Makler schnellstmöglich kontaktieren. Mit diesem Tool müssen Sie nicht ständig den Markt verfolgen, sondern können sich entspannt dem widmen, was Ihnen Spaß macht. Wenn sich dann die richtige Gelegenheit bietet, werden Sie informiert und müssen nur noch schnell Ihr Wissen umsetzen.

# Ihr persönliches Portfolio

## Ein Vergleich der Anlageformen

Wichtig: Innerhalb der Anlageformen sind die Investmentprodukte teilweise so unterschiedlich, dass man nicht bei jeder Anlageform diese Bewertung 1:1 übernehmen kann. Dieses Schaubild ist ein Anhaltspunkt, welcher Ihnen einen Überblick verschaffen soll.

| **Anlageformen** | **Sicherheit** | **Verfügbarkeit** | **Rendite** |
|---|---|---|---|
| ETFs |  |  |  |
| Einzelaktien |  |  |  |
| Immobilien |  |  |  |
| P2P Kredite |  |  |  |
| Gold |  |  |  |
| Kryptowährungen |  |  |  |
| Tagesgeldkonto | 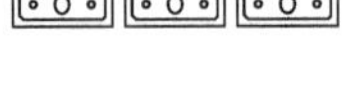 | 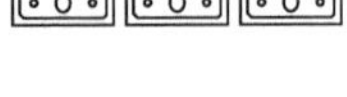 |  |

Da Sie nun durch die Welt der Anlagemöglichkeiten geführt wurden und wissen, was für ein Investor-Typ Sie sind, können Sie Anhand des oben genannten Schaubildes Ihr eigenes Portfolio erstellen.

Teilen Sie Ihr Kapital prozentual in Anlageklassen auf, in die Sie investieren wollen, und streuen Sie Ihre Investitionen. Bleiben Sie bei diesem vorher festgelegten prozentualen Werten. Ansonsten kann es schnell passieren, dass Sie als defensiver Anleger, ohne es zu bemerken, Woche für Woche mehr Geld in Kryptowährungen investieren, und der Anteil an Kryptowährungen nicht mehr 5% Ihres Portfolios entspricht, sondern 50%. Setzen Sie sich im Hinblick auf Ihren Investor-Typ Grenzen für die jeweilige Anlageklasse. Falls diese Grenzen durch Kursgewinne überstiegen werden, können Sie anteilig Kapital entnehmen und dieses neu aufteilen. Wenn Sie bereits über ein großes Vermögen verfügen, sollten Sie die folgend genannten prozentualen Bargeldbeträge unbedingt nach ihrem Belieben aufteilen. Bspw. bei einer Summe von 2.000.000 EUR muss man nicht unbedingt 20 – 30 % des Vermögens in Bargeld halten.

Portfolio Beispiele

**Defensive Investor**
20% Tagesgeld
10% Gold
50% breit diversifizierte ETFs
20% Immobilien (Selbstnutzung/ Kapitalanlage)

**Ganzheitliche Investor**
15% Tagesgeld
5% Gold
5% Kryptowährungen
40% Aktien (sowohl Einzelaktien, ETFs als auch REITs)
35% Immobilien (Selbstnutzung/Kapitalanlage)

**Risikobereite Investor**
10% Tagesgeld
55% Einzelaktien/ETFs
20% Kryptowährungen
15% P2P Kredite

# Verpacken Sie Ihr Wissen in einen Prozess

### 1. Aneignungsprozess

Eignen Sie sich Informationen über das jeweilige Thema an, werden Sie zum Experten darin, bleiben Sie wissbegierig und beobachten Sie den Markt.

### 2. Anwendungsprozess

Setzen Sie das Wissen in Taten um. Nutzen Sie günstige Gelegenheiten und schlagen Sie blitzschnell zu.

### 3. Kontroll-/Lernprozess

Analysieren Sie, welche Handlungen förderlich/nachteilig waren. Lernen Sie daraus und verbessern Sie den Ablauf.

### Warum ist dies wichtig?

Die meisten Menschen eignen sich Wissen an, wenden dieses jedoch nicht an oder geben auf, sobald Sie negative Erfahrungen machen. Sie werden allerdings nur Erfolg haben, wenn Sie

- ✓ Wissensaneignung
- ✓ Anwendung
- ✓ und Kontrolle

miteinander vereinen.

### Wo sollten Sie den Prozess als Erstes anwenden?

Fangen Sie am besten damit an, diesen Prozess auf die Anlageklasse zu übertragen, bei der Ihr Interesse am größten ist. So sind Sie anfangs motiviert und bleiben dies auch, selbst wenn Sie kleinere Rückschläge erleiden.

### Die Umsetzung

1. Aneignungsprozess

Arbeiten Sie aktiv alle drei Phasen ab. Wenn Sie möchten und es Ihnen hilft, einen Überblick zu behalten, erstellen Sie eine Mappe oder eine *Word*-Datei für das jeweilige Thema. Wenn Sie Informationen verschriftlichen, gehen diese nicht verloren.

2. Anwendungsprozess

Analysieren Sie den jeweiligen Markt und das jeweilige Produkt. Legen Sie für sich fest, welches Produkt Sie zu welchem Preis kaufen möchten, und machen Sie sich im Voraus klar, *warum* Sie dieses Anlageprodukt in Ihrem Portfolio haben möchten. Wenn das Produkt den entsprechenden Preis erreicht hat, handeln Sie blitzschnell.

Ich habe mich selbst dabei ertappt, trotz eigener Kaufpreisvorgabe eines Anlageproduktes zu zögern, da ich einen günstigeren Preis wollte. Schlussendlich ist der Kaufpreis stark angestiegen und ich habe von meinem Kaufvorhaben abgelassen. Gehen Sie am besten die oben genannten Punkte vorher durch, so nehmen Sie Emotionen aus dem Ablauf.

3. Kontroll-/Lernprozess

Reflektieren Sie Ihr Handeln und schauen Sie, welche Handlungen förderlich und welche nachteilig gewesen sind. Passen Sie anschließend Ihr Handeln an und beginnen Sie den Prozess erneut. Durchlaufen Sie den Prozess so oft, bis Sie mit Ihren Ergebnissen zufrieden sind.

Aneignungsprozess → Anwendungsprozess → Kontroll-/Lernprozess

# Erfahrungsberichte der Gastautoren

Tom Meyer
29 Jahre, verheiratet
Investor mit Schwerpunkt auf **Aktien und Kryptowährungen**

**Wie sind Sie zum Investieren gekommen?**
Ich habe vor einigen Jahren geerbt und hatte plötzlich eine größere Summe an Geld auf meinem Konto. Ich stellte fest, dass selbst ein Tagesgeldkonto zu dem Zeitpunkt gerade 0,5 Prozent Zinsen erbrachte. Dies war mir eindeutig zu wenig, und somit habe ich mich mit möglichen Anlageformen auseinandergesetzt. Zunächst habe ich klassisch nach Aktien gesucht und ein Depot eröffnet. Dann bin ich über Freunde auf Kryptowährungen gestoßen und habe mir meine erste kleine Position an Krypto in Form von Bitcoin zugelegt.

**Warum Aktien und Kryptowährungen?**
Meiner Meinung nach sind das aktuell die besten Möglichkeiten, eine vernünftige Rendite zu erwirtschaften. Natürlich besteht immer ein Risiko eines Verlusts. Aber sofern man sich mit den Aktien und den Kryptowährungen auseinandersetzt, kann man sein Risiko minimieren. Sucht man sich Aktien von fundierten Unternehmen und versteht das Geschäftsprinzip, kann man in diese relativ risikoarm investieren. Zugegeben, ich habe auch Aktien in meinem Depot, die ich

nur kurz halte. Dabei handelt es sich um Aktien, die vorrangig emotionsgesteuert sind.

An der Börse wird die Zukunft gehandelt. Hier haben Politik, Weltwirtschaft und Zukunftstechnologien maßgeblich Einfluss auf den Preis einer Aktie. Als Anfänger sollte man auf Unternehmen setzen, die lange an der Börse sind und weltweit einen guten Ruf genießen. Ein weiteres Argument für Aktien sind Dividenden. Man sollte jedoch darauf aufpassen, dass die Dividende nicht exorbitant hoch ist. Eine hohe Dividende klingt zunächst gut, aber was verspricht sich ein Unternehmen davon, eine hohe Dividende zu zahlen? Es will möglichst viele Aktien verkaufen und macht dieses mit einer hohen Dividende attraktiv.

Das Ziel, eine hohe Anzahl an Aktien zu verkaufen, bedeutet auch, dass das Unternehmen unter Umständen wenig Eigenkapital besitzt, was eher negativ zu deuten ist. Die richtige Balance ist hier wichtig. Kryptowährungen sind momentan viel durch Emotionen gesteuert. Aber im Vergleich zu 2017 gibt es heute mehr Unternehmen, die Kryptos in ihr Portfolio aufnehmen. Sie sind meiner Meinung nach kein reines »Zockergeld«, sondern kommen mehr in der Gesellschaft an.

Durch die Verknappung und einer maximalen Obergrenze an beispielsweise Bitcoin, schlägt hier einer der simpelsten volkswirtschaftlichen Grundsätze zu Buche. Hier ist die Nachfrage höher als das Angebot, ergo der Kurs steigt. Ein Risiko besteht dennoch in einer Regulierung. Ich sehe dieses als einen Vorteil. Denn wenn ein Staat Kryptos regulieren will, heißt das auch, dass er ihn nicht verbieten will. Also akzeptiert eine Gesellschaft zunehmend Kryptowährungen, was meiner Meinung nach ein gutes Zeichen ist und zeigt, dass das Nischendasein nicht mehr aktuell ist.

**Welche Strategie verfolgen Sie?**

Mittlerweile verfolge ich bei den Kryptowährungen die Strategie, mich nicht nervös machen zu lassen. Volatilität ist normal und gehört dazu. Auch Einbrüche von 60% und mehr gehören dazu. Was viel steigt, kann auch viel fallen. Ich nutze die »Dips« eher zum Nachkaufen, aber gebe keine Kryptos aus meiner Hand.

Bisher hatte ich mit dem »HODL« (*hold on for dear life*, zu Deutsch gut festhalten) viel Erfolg. Bei Aktien habe ich mir die momentane gesellschaftliche Lage angeschaut und diese analysiert. Hier habe ich sowohl ETFs, sichere Aktien von renommierten Unternehmen als auch Risikoaktien gekauft, die ich oft nur kurz halte. Ich habe gemerkt, dass es dort immer gut ist, einen Stop Loss zu setzen. Natürlich kostet dieses zusätzliche Gebühren, sichert aber höhere Gewinne ab oder minimiert eventuelle Verluste. Mein Stop Loss liegt meistens ca. 20% unter dem aktuellen Wert.

**Welche Grundsätze verfolgen Sie beim Investieren?**
Emotionen haben weder bei Kryptowährungen noch bei Aktien Erfolg. Man muss kühl analysieren und danach handeln. Panikkäufe und Verkäufe haben sich bisher bei mir nie gelohnt. Kenne den Markt, das Unternehmen, das Produkt und die Konkurrenz, dann hast du Erfolg.

**Welche Fehler haben Sie gemacht?**
Ich habe mich damals im Falle *Wirecard* von Emotionen steuern lassen und alle negativen Berichte ausgeblendet. Hier hat mich nur ein Stop Loss vor Schlimmerem bewahrt. Rückblickend bin ich dankbar für diese Erfahrung. Der Stop Loss hat seitdem für mich eine umso wichtigere Bedeutung. Weiterhin habe ich die Aktie von *Novavax* zu früh gekauft und viel zu früh wieder verkauft. Es ist fast unmöglich, zum besten Zeitpunkt zu kaufen und zu verkaufen, allerdings spielten hier wieder die Emotionen und meine damalige Unerfahrenheit eine tragende Rolle. Ich wollte zu schnell Gewinne realisieren. Hätte ich *Novavax* länger gehalten, hätte ich einen Gewinn von 500% gehabt.

**Welche Tipps würden Sie Anfängern mit auf den Weg geben?**
Aktien und Kryptowährungen sollten nur gekauft werden, wenn man Geld »über« hat. Man sollte am Anfang weniger Rendite in Kauf nehmen und dafür ein geringeres Risiko eingehen. Weiterhin sollten Sie Ihre Anlage kennen, das bedeutet analysieren, recherchieren und vergleichen. Bei Aktien finde ich ETF und Fonds sinnvoll. Diese verteilen das Risiko und man hat einen ganzen Sektor im Portfolio. Ein Mix von 70% ETFs, 20% klassische Einzelaktien und 10% Risikoaktien halte ich für sinnvoll. Bei Kryptos halte ich einen Mix von 60% Bitcoin und 40% anderer Kryptowährungen (Ethereum, *Litecoin*) für richtig.

**Was ist Ihre Lieblingsaktie?**
*Royal Dutch Shell A* Aktie ist für mich ein ganz besonderes Unternehmen. Die starken Dividenden, das hohe Eigenkapital und die Etablierung im Energiemarkt macht *Shell* zu einem sehr interessanten Unternehmen. Weiterhin sind sie im Bereich Elektromobilität und Wasserstoff ein zukunftsreiches Unternehmen.

Ferner hat mir *Biontech* dieses Jahr sehr gute Renditen eingebracht. Natürlich ist das Unternehmen ein großer Gewinner der Pandemie, allerdings glänzt *Biontech* nicht nur mit der Coronavirusimpfung. Die mRNA Forschung des Unternehmens kann nach ersten Erkenntnissen auch in vielen anderen Gesundheitsbereichen eingesetzt werden und soll beispielsweise erste Erfolge in der Krebsforschung verzeichnen.

Raphael Martinez
29 Jahre, ledig
Investor mit Schwerpunkt auf **Immobilien**
Zwei Einfamilienhäuser, sechs Wohneinheiten in Mehrfamilienhäuser

**Wie sind Sie zum Investieren gekommen?**

Ich wollte mein Einkommen nicht auf dem Konto verrotten lassen. Ich habe mich nach Möglichkeiten umgeschaut, um passiv Geld zu verdienen. Da ich mich nicht davor scheue, auch körperlich zu arbeiten, bin ich über diverse Internetseiten zu dem Thema Immobilien gekommen. Ich habe mich daraufhin in meinem familiären Umfeld umgehört und mir weitere Informationen eingeholt. Mein Interesse wuchs und ich wollte mehr über dieses Thema erfahren. Ich kaufte mir Bücher und fing an, mehr über das Immobilieninvestment zu erfahren. Eines Tages war es dann so weit.

Ich ging mit meinem Hund spazieren und sah ein Haus, was augenscheinlich zum Verkauf stand. Als ich klingelte, öffnete mir eine ältere Dame die Tür. Verwundert fragte Sie nach meinem Anliegen. Ich fragte sie höflich, ob die Umzugswagen und der große Sperrmüll vor ihrem Haus bedeuteten, dass das Haus bald zum Kauf verfügbar sei. Erleichtert nickte sie. Für Menschen in ihrem Alter sei es anstrengend, einen Käufer zu finden. So war sie froh, dass ich mich anbot. Nach einer kurzen Kaufverhandlung in den nächsten Tagen, konnte ich meine erste Wohnimmobilie kaufen.

**Warum Immobilien?**
Ich halte Immobilien für eine gute Möglichkeit, langfristig und zukunftsreich ein passives Einkommen aufzubauen. Die Weltbevölkerung wird immer größer und der Wohnraum in Ballungsgebieten immer kleiner. Wenn man es richtig anstellt, kann eine Immobilie ein »Selbstläufer« sein. Zudem gibt es keine offizielle »Börse« wie beim Aktienmarkt. Man kann mit etwas Glück ein Objekt deutlich unter seinem Wert kaufen. Außerdem mag ich den handwerklichen Aspekt von Immobilien sehr.

**Welche Strategie verfolgen Sie?**
Ich kaufe Immobilien und werte diese mit einfachen Renovierungen auf. Dabei achte ich darauf, dass die Renovierungen zeitlos sind. Ich nutze keine Trendrichtungen oder versuche, die Immobilie nach meinem Geschmack einzurichten. Ich schaue bei den Aufwertungen immer darauf, was die Allgemeinheit wünscht, um später eine große Auswahl an Mietern zu haben und mir diese gewissermaßen aussuchen zu können.

Die richtige Auswahl meiner Mieter spielt eine große Rolle. Je mehr Immobilien man hat, desto sorgfältiger sollte man seine Mieter auswählen. Ansonsten kann dies sehr stressig werden. Dabei lege ich darauf Wert, dass die Mieter ein eigenes Interesse für die Wohnung entwickeln, sich darin wohlfühlen und unkomplizierte Persönlichkeiten haben. Somit kann ich sichergehen, dass meine Objekte pfleglich behandelt werden und ich nicht wegen jeder Kleinigkeit angerufen werde.

**Grundsätze beim Kauf?**
Für mich sind die wichtigsten Faktoren beim Kauf einer Immobilie die Lage und die Infrastruktur der Stadt. Denn nur durch die Lage stellt man sicher, ob die Immobilie in Zukunft an Wert gewinnt oder verliert. Wie schon gesagt, wird der Wohnraum in Ballungsgebieten immer geringer und somit steigt die Nachfrage. Das Objekt ist also leicht vermietbar.

Grundsätzlich muss eine Immobilie für mich außen sowie innen eine gewisse positive Optik aufweisen. Sofern es möglich ist, schaue ich mir das Dach an. Wenn es nach innen geht, achte ich zunächst erst einmal auf den Geruch, die Raumaufteilung, die Heizung, den Zustand der Elektrik, auf Feuchtigkeit und eventuellen Schimmel. Den Boden lasse ich etwas außer Acht, da dieser mit einem geringen wirtschaftlichen Aufwand leicht zu beheben ist.

In Bezug auf die Dokumente, ist für mich der Energieausweis wichtig, der Mietvertrag sowie der Grundbuchauszug, und wenn es sich um eine

Eigentumswohnung handelt, die letzten Protokolle der Eigentümerversammlung und die Teilungserklärung.

Ich muss sagen, dass meine Vorliebe eher bei größeren Objekten liegt. Da sehe ich deutlich mehr Renditepotenzial. Des Weiteren kaufe ich keine Immobilien mit Erbpacht oder Denkmalschutz.

**Welche Fehler haben Sie gemacht?**

Das ist eine gute Frage. Viele Menschen fragen mich häufig: »Wie viel Gewinn hast du mit deinen Immobilien gemacht?«, aber keiner fragt: »Welche Fehler hast du gemacht?« Zu wissen, was für eine Rendite ich mit meinen Immobilieninvestments gemacht habe, hilft einem so gut wie gar nicht weiter. Anders ist die Frage nach den Fehlern.

Vorab kann ich nur jedem dazu raten, sich nicht vor Fehlern zu scheuen. Fehler sind bei Immobilien unumgänglich und dazu da, aus ihnen zu lernen. Niemand ist fehlerfrei, dazu ist das Thema viel zu komplex. Nun kommen wir aber zu meinen persönlichen Fehlern. Mir wurde damals, als ich noch keine Erfahrung mit der Immobilienfinanzierung hatte, ein Bausparvertrag »angedreht«. Dies halte ich mit meinem heutigen Wissen bei der momentanen Niedrigzinspolitik für unnötig.

Ich habe mich außerdem zu Anfang davor gescheut, kleine Reparaturen selbst zu machen. So habe ich immer gleich eine Firma beauftragt. Wie das Sprichwort sagt: »Kleinvieh macht auch Mist«, wurde aus vielen kleinen Reparaturen schnell eine große Summe. Somit beschloss ich, das meiste selbst in die Hand zu nehmen. Ich sparte mir so, auf das Jahr gerechnet, eine enorme Summe ein. Außerdem lernt man selbst immer dazu. Die meisten Informationen über das Handwerk habe ich aus diversen Internetportalen.

Anders ist es beim Thema Wasser, Strom, Heizung und Dach. Diese Handwerksleistungen sollten immer Fachbetriebe machen. Hier können Fehler fatale Folgen haben. Günstig ist nicht immer gut. Das trifft besonders auf Handwerker zu. Sobald du einen guten Handwerker gefunden hast, pflege den Kontakt und gib ihm ab und zu etwas Trinkgeld. Ich habe den Fehler gemacht und anfänglich immer das günstigste Unternehmen beauftragt. Am Ende hatte ich mit denen mehr Arbeit als vorher.

**Was sind Ihre Tipps für Anfänger?**

Sie sollten sehr geduldig sein, wenn es um Immobilien geht. Denken Sie dran, das ist ein Investment für mehrere Jahre. Immobilien handelt man nicht wie Aktien!

Pflegen Sie Ihre Kontakte zu Maklern, Ihren Bankberatern und Ihren Handwerkern. Haben Sie keine Angst davor, Fehler zu machen, Sie werden dadurch von Projekt zu Projekt besser. Fangen Sie an, sobald Sie sich ausreichend informiert haben. Scheuen Sie sich nicht davor, auf Besichtigungen zu gehen. So bekommen Sie ein Gefühl für die Materie. Günstige Objekte findet man außerhalb einer Internetplattform ohne Makler. Schauen Sie sich in Ihrem Umfeld um.

**Was ist Ihre Lieblingsimmobilie?**
Mein Lieblingsobjekt ist ein Mehrfamilienhaus in guter Lage mit vielen einzelnen Mietparteien. Es ist in einem guten Zustand und die Mieter achten stark darauf, alles ordentlich zu halten. Das allgemeine Mieterverhältnis ist sehr gut, es herrscht eine harmonische Atmosphäre. Die Mieteinnahmen kommen immer pünktlich und alle Mieter achten aufeinander. Des Weiteren bietet das Objekt Möglichkeiten zum Anbau. Somit ist das Entwicklungspotenzial sehr gut.

Moritz Schulz
27 Jahre, ledig
**Finanzberater**

**Was raten Sie jedem Ihrer Kunden, während einer Finanzberatung?**
Einen »Notgroschen« von drei Monatsgehältern auf dem Tagesgeldkonto beizubehalten und diese nicht zum Investieren zu nutzen. Des Weiteren bespreche ich mit meinen Mandanten die jeweiligen Ziele, und passe dahingehend die Investmentstrategie an.

**Was ist Ihre favorisierte Anlageklasse?**
Ich investiere vorwiegend in Aktien, da es mir einfach Spaß macht, mich mit dem jeweiligen Unternehmen auseinanderzusetzen. Darüber hinaus achte ich darauf, meine Investments ESG-konform zu halten. ESG steht für *Environmental, Social Governance*. Das sind nachhaltige Investmentprodukte, die dem Planeten und seinen Bewohnern nicht schaden. Beispielsweise sind in ESG-Investments keine Unternehmen vorhanden, welche sich mit fossilen Brennstoffen oder Waffen auseinandersetzen. Ich tue dies, weil ich denke, dass wir auch mit unseren Investments die Welt ein Stück weit verändern können.

**Welche Strategie verfolgen Sie?**
Da ich langfristig investiere und mein Anlagehorizont +15 Jahre ist, habe ich mehrere Sparpläne und nutze hier den Cost-Average-Effekt über die Jahre für mich. So kann ich mich beim Investieren entspannt zurücklehnen.

**Welche Grundsätze verfolgen Sie beim Investieren?**
Ich streue meine Aktieninvestments, so wie ich es auch meinen Mandanten empfehle, möglichst breit. Ich bilde damit fast die gesamte Weltwirtschaft ab.

**Welche Fehler haben Sie gemacht und was haben Sie daraus gelernt?**
Einen Fehler habe ich bei meiner Sparplanstrategie noch nicht gemacht, aber im Nachhinein hätte ich zur Coronakrise doch mehr investieren sollen. Da gab es wirklich viele Aktien zum Spottpreis.

**Was macht ein Investitionsprodukt für Sie kaufenswert?**
Für mich ist ganz klar die Flexibilität wichtig, deshalb möchte ich auch keine Immobilien in meinem Portfolio haben. Die Rendite sollte ca. 7%-10% pro Jahr betragen.

**Was ist den meisten Ihrer Kunden wichtig?**
Die meisten Mandanten haben finanzielle Ziele und Wünsche. Meine Aufgabe ist es, komplexe Themen für jedermann verständlich zu erklären und greifbar zu machen. Einige meiner Mandanten sind gedanklich manchmal in der Zeit, als es auf dem Sparbuch noch enorme Zinsen gab. Ihnen ist es meist wichtig, dass Sie die Zinsen auf ihr Erspartes wiederherstellen können. Die wenigsten wollen irgendetwas Spekulatives mit ihrem Geld anfangen. Dazu rate ich auch ganz deutlich ab.

Erklärung Datenschutz:
Bei den Gastautoren handelt es sich um reale Personen mit großer Expertise in ihrem jeweiligen Bereich. Diese möchten zum Schutz ihrer Privatsphäre anonym bleiben. Die Namen der Personen wurden geändert, die Bilder entsprechen nicht den realen Personen.

# Ihr eigenes Investmentnotizbuch

| Investment-produkt | Datum | Kauf/Verkauf (Kurs/Preis) | + Gewinn/ - Verlust |
|---|---|---|---|
| | | | |
| | | | |
| | | | |
| | | | |
| | | | |
| | | | |
| | | | |
| | | | |
| | | | |
| | | | |
| | | | |

| Investment-produkt | Datum | Kauf/Verkauf (Kurs/Preis) | + Gewinn/ - Verlust |
|---|---|---|---|
| | | | |
| | | | |
| | | | |
| | | | |
| | | | |
| | | | |
| | | | |
| | | | |
| | | | |
| | | | |
| | | | |
| | | | |

# Abkürzungs- und Begriffsverzeichnis

| | |
|---|---|
| Aktienindex | Spiegelt die Entwicklung einer Vielzahl von Aktien wider |
| Altcoin | Alternative Coins, alle Kryptowährungen außer Bitcoin |
| Annuitätendarlehen | Hypothekendarlehen, bei dem über die Jahre die gleich hohe Rate (Annuität) zurückgezahlt wird |
| Asset Allocation | Vermögensaufteilung/-strukturierung |
| Auflassungsvormerkung | Eintragung im Grundbuch, die den schuldrechtlichen Anspruch auf die Übertragung des Eigentums an einem Grundstück sichert |
| Bearish | Fallende Kurse |
| Benchmark | Vergleichsmaßstab, um Rendite-Performance zu messen, häufig Indizes wie *MSCI World* |
| Block | Datensatz innerhalb einer Blockkette |
| Blockchain | Kette aus Datensätzen |
| Bullish | Steigende Kurse |
| Courtage | Summe für den An-/Verkauf |
| D'Apps | Dezentrale Applikationen |
| Derivat | Finanzinstrument, welches sich nach der Kursentwicklung seines Basiswertes richtet. Basiswerte können z. B. Aktien, Anleihen, Zinsen, Rohstoffe oder Devisen sein |

| | |
|---|---|
| Devisen | Guthaben oder Wertpapiere einer ausländischen Währung |
| Diversifikation | Vermögen wird auf verschiedene Produkte verteilt, um Risiken zu minimieren |
| Dividenden | Gewinnausschüttungen von Unternehmen an die Aktionäre |
| Erbbaurecht | Unveräußerliche und vererbte Rechte, auf einem fremden Grundstück ein Bauwerk zu errichten |
| Erbpacht | Ein Grundstück wird verpachtet, darauf wird ein Gebäude errichtet und der Eigentümer zahlt dem Verpächter einen sogenannten Erbpachtzins |
| Exposee | Wesentliche Informationen zu der Immobilie |
| Fälligkeitsmitteilung | Sobald die rechtlichen Voraussetzungen für den Immobilienerwerb vorliegen, fordert der Notar den Käufer auf, den jeweiligen Kaufpreis an den Verkäufer zu zahlen |
| Fiat | Währungen, die von Notenbanken herausgegeben werden |
| FOMO | Englisches Akronym für *Fear Of Missing Out.* Die Angst, etwas zu verpassen |
| Fork | Aus dem Englischen übersetzt: »Gabel«. Dies bedeutet eine Gabelung einer Blockchain |
| FUD | *Fear, Uncertainty and Doubt* = Furcht, Ungewissheit und Zweifel, häufig ausgelöst durch starke Kursschwankungen |
| Grundbuch | Vom Bezirksgericht geführtes öffentliches Register, in dem Grundstücke und das dazugehörige Eigentum eingetragen werden |

| | |
|---|---|
| Grunderwerbsteuer | Steuer, die beim Kauf von inländischen Grundstücken und grundstücksgleichen Rechten anfällt |
| Hashrate | Maßeinheit für die Rechenleistung zur Erstellung von Blöcken |
| Hausgeld | Vorauszahlung, die der Wohneigentümer monatlich an den Hausverwalter zahlt |
| Hebelzertifikate | Hebelprodukte, mit denen Anleger mit wenig Eigenkapital größere Summen bewegen |
| HODL | Vom Englischen *hold*, das Halten einer Währung |
| Kryptografie | Fachgebiet der Mathematik, bei dem durch mathematische Beweise die Sicherheit der jeweiligen Systeme hergestellt oder erhalten wird |
| Lending | Beleihung von Kryptowährungen, für diesen Prozess erhält man im Gegenzug Zinsen |
| Long | Auf steigende Kurse setzen |
| Marktkapitalisierung | Marktgröße des Unternehmens |
| Mining | Lösung komplexer Berechnungsaufgaben durch Rechenleistung, um Blöcke im Blockchain-System zu erstellen und zu »minen« |
| Nießbrauchrecht | Der Nießbraucher ist zu der Benutzung einer Sache berechtigt. Er darf die jeweilige Immobilie bewohnen oder ist bei Mietwohnungen u. a. an der Miete beteiligt |
| Staking Rewards | Belohnungen vom Staking |

| | |
|---|---|
| Thesaurieren | Einbehaltung der Gewinnausschüttung zur Reinvestition |
| Tilgung | Der Betrag, welcher den Schulbetrag abbezahlt |
| Unbedenklichkeitsbescheinigung | Stellt das Finanzamt aus, wenn die Grunderwerbsteuer bezahlt wurde. Mit dieser Bescheinigung kann der neue Eigentümer in das Grundbuch eingetragen werden |
| Volatilität | Schwankungen |
| Wallet | Hier werden Coins gelagert, sozusagen eine Brieftasche für Kryptowährungen |
| WEG | Wohneigentümergemeinschaft |
| Wohnungseigentumsgesetz | Auch WEG genannt, ist ein Bundesgesetz, das sämtliche Regelungen zum Wohnungseigentum bestimmt |

# Literaturverzeichnis


**Internet**

Bondora. *Go & Grow – Investieren ganz einfach.* URL: https://www.bon dora.com/de. Stand 17. August 2021.

Bundeszentrale für politische Bildung (2021). *Humankapital.* URL: https://www.bpb.de/nachschlagen/lex ika/lexikon-der-wirt schaft/19640/humankapital. Stand 19. August 2020.

Buterin, Vitalik (2013). *What Proof Of Stake Is And Why It Matters.* Bitcoin Maga zine. URL: https://bitcoinmagazine.com/culture/what-proof-of-stake-is-and-why-it-matters-1377531463. Stand 24. August 2021.

Cage, Matthew (2020). *$ 9 Trillion Story: 22% of the Circulating USD Printed in 2020.* SOMAG News. URL: https://www.somagnews.com/9-trillion-story-22-of-us-dollars-printed-in-2020/. Stand 05. Juli 2021.

CoinMarketCap. *Today's Cryptocurrency Princes by Market Cap.* URL: https://coimarketcap.com/. Stand 21. Juli 2021.

Commerzbank. *Was ist der Cost Average Effekt? Welche Vorteile bringt er für die Anle ger?* URL: https://www.commerzbank.de/portal/de/ratgeber/finan zen/was-ist-der-cost-average-effekt.html. Stand 19. August 2021.

Cryptolist. *Was ist Ethereum?* URL: https://www.cryptolist.de/ethereum. Stand 13. August 2021.

Deepinsidehps (2019). *Aktienanalyse – Kennzahlen und Aussagekraft* TradingTreff. URL: https://trading-treff.de/wissen/aktienanalyse-kennzahlen-und-aussagekraft. Stand 20. Juli 2021.

Deutsche Bundesbank (2020). *Zahlen & Fakten rund ums Bargeld. Abbildungen, Tabellen und Erläuterungen zum Bargeld.* Deutsche Bundesbank Eurosystem. URL: https://www.bundesbank.de/resource/blob/670998/06d4c5f5549e46d1fbe3498bf5341f5a/mL/zahlen-und-fakten-data.pdf. Stand 07. Juli 2021.

EstateGuru. *Immobilienfinanzierung einfach gemacht. Ihr Tor zur finanziellen Freiheit.* URL: https://estateguru.co/de/. Stand 15. August 2021.

Finanzen.net. *Depot Vergleich 2021: die besten Online Broker im Test.* URL: https://www.finanzen.net/online-broker-vergleich. Stand 19. Juli 2021.

Fischer, Malte (2020). *Wie kommen Sie bloß aus dieser Sackgasse, Frau Lagarde?* Wirt schaftsWoche. URL: https://www.wiwo.de/politik/deutschland/geld politik-der-ezb-wie-kommen-sie-bloss-aus-dieser-sackgasse-frau-lagarde/26707832.html. Stand 03. Juli 2021.

Gries, Lothar (2021). *Was das neue Inflationsziel bedeutet.* Tagesschau. URL: https://www.tagesschau.de/wirtschaft/finanzen/ezb-inflation-geld politik-strategie-101.html. Stand 10. Juli 2021.

Mai, Jochen (2020). *Pareto Prinzip: So einfach funktioniert die 80-20-Regel.* Karriere bibel. URL: https://karrierebibel.de/pareto-prinzip/. Stand 20. Juli 2021.

Mintos. *Mintos-Strategien.* Mintos. URL: https://www.mintos.com/de/in vestieren/mintos-strategien/. Stand 11. Juli 2021.

Riedl, Dominique. *Was sind ETFs? ETF einfach erklärt.* JustETF. URL: https://www.justetf.com/de/academy/was-sind-etfs.html. Stand 14. August 2021.

Scheuschner, Paul. *Diese 10 Fehler sollten Sie beim Aktienhandel unbedingt vermeiden!* Aktien.Net. URL: https://www.aktien.net/fehler-aktienhandel/. Stand 18. Oktober 2021.

Schmitz, Peter (2020). *Was ist Proof of Work (PoW)?* Blockchain Insider. URL: https://www.blockchain-insider.de/was-ist-proof-of-work-pow-a-900636/. Stand 24. August 2021.

Stengel, Martina (2007). *Was sind REITs?* Industrie- und Handelskammer Nürn berg und Mittelfranken. URL:https://www.ihk-nuernberg.de/de/IHK-Magazin-WiM/WiM-Archiv/WIM-Daten/2007-09/FAQ/Was-sind-REITs-.jsp. Stand 19. August 2021.

Stiftung Warentest (2021). *Bitcoins. So funktioniert die Kryptowährung.* URL: https://www.test.de/Bitcoin-So-funktioniert-das-Geld-aus-dem-Inter net-5204320-0/. Stand 19. August 2021.

StudyCHECK.de. *Beliebte Studentenstädte von A-Z.* URL: https://www.study check.de/studium/staedte. Stand 19. Juli 2020.

**Bücher**

Kühn, Markus und Stefanie (2020). *Handbuch der Geldanlage: Aktien, Fonds, Anleihen, Festgeld, Gold & Co.* Stiftung Warentest. S. 11, 19, 161, 353–359.

Murphy, John J. (2006). *Technische Analyse der Finanzmärkte. Grundlagen, Strategien, Methoden, Anwendungen.* Finanzbuchverlag. S. 23–24, 214, 218, 239, 254.

**Fotos**

Pixabay. www.pixabay.com
Renderforest. www.renderforest.com

# Impressum

**Kontakt**
Nils Pionteck
Goebenstraße 11
30161 Hannover


1.Auflage

Autor: Nils J. Pionteck
Lektorat, Korrektorat: Vanessa Jäger
Verlag & Druck: Amazon KDP
ISBN: 9798780841289

**Haftungsausschluss**
Die Nutzung dieses Taschenbuches/E-Books und die Umsetzung der enthaltenen Informationen, Anleitungen und Strategien erfolgt auf eigenes Risiko. Der Autor kann für etwaige Schäden jeglicher Art aus keinem Rechtsgrund eine Haftung übernehmen. Haftungsansprüche gegen den Autor für Schäden materieller oder ideeller Art, die durch die Nutzung oder Nichtnutzung der Informationen bzw. durch die Nutzung fehlerhafter und/oder unvollständiger Informationen verursacht wurden, sind grundsätzlich ausgeschlossen. Rechts- und Schadenersatzansprüche sind daher ausgeschlossen. Dieses Werk wurde sorgfältig erarbeitet und niedergeschrieben. Der Autor übernimmt jedoch keinerlei Gewähr für die Aktualität, Vollständigkeit und Qualität der Informationen. Druckfehler und Falschinformationen können nicht vollständig ausgeschlossen werden. Es kann keine juristische Verantwortung sowie Haftung in irgendeiner Form für fehlerhafte Angaben vom Autor übernommen werden.

Auch die hier besprochenen Ideen, Meinungen, Kommentare und Texte zu Strategien, Aktien, Immobilien, P2P Kredite, Gold oder Kryptowährungen und anderen Produkten und Themen in diesem Buch, stellen KEINE Anlageberatung dar und sind daher keine Empfehlungen zum Kauf bzw. Verkauf eines Wertpapiers, Terminkontraktes, einer Immobilie, einer Kryptowährung, Gold oder eines sonstigen Finanzinstrumentes. Die Wertentwicklung der Vergangenheit bietet keine Gewähr für künftige Ergebnisse.

Die bereitgestellten Analysen, Vorschläge, Ideen, Meinungen, Kommentare und Texte sind ausschließlich zur Information bestimmt und können ein individuelles Beratungsgespräch nicht ersetzen. Alle Informationen dieses Buches entsprechen dem Kenntnisstand zum Zeitpunkt der Verfassung dieses Buches. Eine Haftung für mittelbare und unmittelbare Folgen aus den Informationen dieses Buches ist somit ausgeschlossen.

Informieren Sie sich weitläufig aus unterschiedlichen Quellen und bedenken Sie, dass am Ende nur Sie für die Kauf- und Verkaufsentscheidung verantwortlich sind.

Printed in Poland
by Amazon Fulfillment
Poland Sp. z o.o., Wrocław

85596115R00060